澳門食尚 旅行地圖

作者◎超級旅行貓（梁詠怡）

攝影◎超級旅行狗（梁匡民）

太雅

給自己一個最與眾不同的華麗澳門之旅

　　來澳門逛世遺，遊景點，吃美食是不少遊客的指定動作。要來澳門自助遊並不困難，可是怎樣才能擺脫大家都不斷重覆著的遊覽方式，不只吃些每本旅遊書都介紹，人人都吃的美食？怎樣才能吃得既精采又省錢？怎樣才能令自己的澳門之旅跟別人的不同？看完這本書，你就能找到答案啦！

　　很多旅遊書是以景點為主，再加上美食介紹，不過，景點的資料很容易在網上找到，而澳門除了景點之外，更是一個美食天堂，來到這裡不飽餐一頓美食，實在是如入寶山空手而回。但是，要吃得地道，吃得便宜並不容易喔！很多人試過書裡介紹的食物後才發現觸了雷，付了昂貴價錢，卻享受不到美味的食物。所以，這本書會以美食為主，並且會由在澳門土生土長的我，為大家介紹許多只有老馬識途的本地人才懂得去的食店。同時亦不忘為大家附上景點簡介、交通、行程規畫建議等，讓大家規畫行程時可以同時結合景點和美食，還會為大家送上很多好康報報喔！

　　我向來是個旅遊、美食和文化的人，在安排自由行旅程時，也很喜歡網羅各種美食加進行程之中，讓旅程更加多姿多采。澳門不單有很多美食，而且飲食文化也十分特別，很多美食背後都有許多有趣的小故事，所以在構思這本書時，希望能以一個結合旅遊、飲食文化和美食的方式，不僅和大家分享有用的旅遊資訊，還有各種 CP 值高又地道的，當中甚至是澳門限定的美食，更希望大家能透過這本書了解澳門有趣的飲食文化，例如特別的茶樓和茶餐廳文化，為大家的旅程更添繽紛色彩。

　　旅行並不只屬於自己，更精采之處在於能和志同道合的人分享。能夠在交流之中，把自己所知的資訊帶給別人，從別人身上學習到另一個地方的文化，是一件十分開心的事。在澳門居住多年，我深深地喜歡這裡，也很希望來澳門旅遊的朋友會喜歡這裡。當然，一本書的篇幅有限，並不能把澳門所有的美好盡現其中，但也很希望能透過這本書把更多澳門吸引人的地方帶給大家，結交更多喜歡這裡的朋友！

關於作者

| 超級旅行貓（梁詠怡） | 作者

在澳門某間中學任職英文教師，十分熱衷旅遊，除了希望了解不同文化以外，亦對每個國家的美食深感興趣，吃盡各國美食是其旅行的最大目標之一。在澳門土生土長，最喜歡走遍每個角落去找尋價錢親民又美味的平民美食。非常熱愛旅遊和寫作，曾出版《澳門食尚旅行地圖》(太雅出版)，《北海道 美景出沒注意》，《澳門人的口袋地圖》(華成出版)，擔任《攜程口袋旅遊攻略》及《最會遊旅遊攻略 APP》作者，並在「背包客棧」和「澳門日報」發表多篇遊記。

Judy Leong

| 超級旅行狗（梁匡民） | 攝影

在澳門某間中學任職電腦教師，非常喜歡旅行，工資的最大部分支出就是旅費（笑）。第一次出國旅行便是前往歐洲，之後便深深愛上旅行，尤其享受自助遊的樂趣，每年都要規畫幾次旅行。最愛和妻子一起到訪多個國家，並把有趣的事物用鏡頭記錄下來。平日喜歡閱讀旅遊書，更喜歡與志同道合的朋友分享旅遊經歷，在網上的旅遊論壇也很活躍，經常為網友解答到澳門旅遊的問題。

我們的部落格：旅行貓漫遊世界：blog.xuite.net/supertravelcat/blog

Leung

藥師吉米 | ⬤ 百傑部落客

　　經過四百多年中西交融的澳門，美食的樣式十分多樣化，也發展出許多大家耳熟能詳的美味，像是葡式蛋塔、豬扒包、澳門葡國料理……，加上蓬勃發展的娛樂場酒店，也進駐了許許多多的頂級餐廳，甚至許多也有著米其林星級的評等，但是，吉米去了澳門這麼多次，甚至出了本《開始在澳門自助旅行》一書，發現澳門的美食可不是只有這些啊！

　　許許多多的庶民小吃美食可都是隱身在巷弄間，因此 也讓吉米對於澳門癡迷不已、一去再去，但這可就是一定是要居住在當地的美食行家才有辦法帶路吃的啊！就像來到台南，許許多多的小吃也是隱身巷弄間，有的甚至連店名都沒有，沒個熟門熟路的當地美食行家報路帶路，怎有辦法吃到這些美食呢？因此吉米鄭重的跟大家推薦這本《澳門食尚旅行地圖》，這可是由澳門當地的美食行家「超級旅行貓」所寫的！對於許多澳門美食老店及推薦餐點著墨不少！再搭配以知名景點一起介紹！讓人遊玩同時也能一起吃到景點周邊的巷弄美食！

　　看完這本書，吉米的感想就是：「我的心又飛到澳門去了啊～～～」太誘人了！現在台北、台中、高雄都有直飛澳門航班！只要三天假期就可來澳門放鬆、逛街、吃美食，真的很適合一去再去！我想，這本《澳門食尚旅行地圖》就是最佳美食寶典！推薦給大家喔！

藥師吉米

小眼睛先生 | 背包客棧棧長

　　在背包客棧裡，無論是台灣的台北、台中，日本的大阪、京都、奈良，甚至遠至義大利和希臘，超級旅行貓所分享的旅行攻略和美食評比一直讓我印象深刻。從所列出的景點和店家名單，就可看出都是先做足功課，綜合網友意見後，才進行實地拜訪。美食評比中所列出的美味與 CP 指數及參考價格更是讓人一目了然。相信這本以澳門在地人角度所撰寫的旅遊指南，一定更具參考價值，將成為旅行者在拜訪澳門時，必先參考的一本書。

出發前，請記得利用書上提供的 Data 再一次確認

每一個城市都是有生命的，會隨著時間不斷成長，「改變」於是成為不可避免的常態，雖然本書的作者與編輯已經盡力，讓書中呈現最新最完整的資訊，但是，我們仍要提醒本書的讀者，必要的時候，請多利用書中的電話，再次確認相關訊息。

資訊不代表對服務品質的背書

本書作者所提供的飯店、餐廳、商店等等資訊，是作者個人經歷或採訪獲得的資訊，本書作者盡力介紹有特色與價值的旅遊資訊，但是過去有讀者因為店家或機構服務 態度不佳，而產生對作者的誤解。敝社申明，「服務」是一種「人為」，作者無法為所有服務生或任何機構的職員背書他們的品行，甚或是費用與服務內容也會隨時間調動，所以，因時因地因人，可能會與作者的體會不同，這也是旅行的特質。

新版與舊版

太雅旅遊書中銷售穩定的書籍，會不斷再版，並利用再版時做修訂工作。通常修訂時，還會新增餐廳、店家，重新製作專題，所以舊版的經典之作，可能會縮小版面，或是僅以情報簡短附錄。不論我們作何改變，一定考量讀者的利益。

票價震盪現象

越受歡迎的觀光城市，參觀門票和交通票券的價格，越容易調漲，但是調幅不大（例如倫敦），若出現跟書中的價格有微小差距，請以平常心接受。

謝謝眾多讀者的來信

過去太雅旅遊書，透過非常多讀者的來信，得知更多的資訊，甚至幫忙修訂，非常感謝你們幫忙的熱心與愛 好旅遊的熱情。歡迎讀者將你所知道的變動後訊息，善用我們提供的「線上讀者情報上傳表單」或是直接寫信來 taiya@morningstar.com.tw，讓華文旅遊者在世界成為彼此的幫助。

太雅旅行作家俱樂部

澳門人告訴你，玩家都去哪？

下環、風順堂 P.88

澳門旅遊塔 ‧ 媽閣廟 ‧ 鄭家大屋 ‧ 聖若瑟修院及
聖堂 ‧ 聖老楞佐教堂 ‧ 主教山西望洋聖堂 ‧ 亞婆
井前地 ‧ 港務局大樓 ‧ 海事博物館

水坑尾、雀仔園、荷蘭園 P.98

塔石廣場 ‧ 東望洋炮台 ‧ 加思欄花園 ‧ 藝舍 ‧ 婆仔屋 ‧ 盧廉若公園 ‧
茶文化館 ‧ 國父紀念館 ‧ 二龍喉公園及松山登山纜車

高士德、三盞燈、
新橋 P.116

消防博物館 ‧ 義字街市集 ‧ 紅街市

雅廉訪、美副將 P.134

觀音堂 ‧ 逸園賽狗場 ‧ 通訊博物館 ‧ 螺絲山
公園 ‧ 望廈山公園 ‧ 牛房倉庫

新口岸 P.146

葡萄酒博物館 ‧ 大賽車博物館 ‧ 澳門科學
館 ‧ 美高梅金殿酒店 ‧ 永利酒店 ‧ 澳門
漁人碼頭 ‧ 金蓮花廣場 ‧ 文化中心及藝術
博物館 ‧ 葡京酒店及新葡京酒店 ‧ 觀音蓮
花苑 ‧ 澳門回歸賀禮陳列館

氹仔 P.154

官也街 ‧ 龍環葡韻 ‧ 威尼斯人度假村 ‧ 澳門旅遊紀念品批發中心 ‧
地堡街及氹仔市集 ‧ 官也墟 ‧ 路氹歷史館 ‧ 氹仔市政公園及嘉模聖母
堂 ‧ 新濠天地

路環 P.164

黑沙海灘 ‧ 石排灣郊野公園及熊貓館 ‧ 土地暨自然
博物館 ‧ 聖方濟各教堂 ‧ 竹灣海灘 ‧ 黑沙水庫郊野
公園 ‧ 譚公廟 ‧ 路環市區

澳門好味道，到澳門吃什麼？

如何使用本書
How to use

　　到澳門玩什麼？吃什麼？逛什麼？除了看飯店秀表演，還有哪些是不容錯過的呢？本書分為 11 篇章，精選澳門 11 分區的景點與美食餐廳。每一篇章開始皆有一日行程，幫你串聯本區必去的景點、餐廳。每間餐廳皆會介紹其最經典的美食餐點，並有 CP 值評鑑，以及獨家飲食步驟。現在，就開始挑選你最中意的景點、餐廳，出發體驗最在地的澳門之旅吧！此外，此書會不定期出現玩家帶路指南的小 Box，讓你成為真正的澳門美食行家！

＊全書幣值以澳門幣為單位

分區簡圖　每單元皆有此簡圖，幫助你快速掌握本區所在位置。

玩家散步路線　幫你串連各區景點的一日腳程，讓你玩得最道地。

地圖速覽　將該區景點美食一一標示在地圖上，不怕找不到。

玩家帶路指南

貼心小 Box，作者不藏私，所有玩樂攻略全都與你分享。

美食CP值評鑑

每道菜都有 CP 值和按讚指數，在開動前先幫你把關。

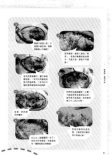

飲食撇步解密

作者獨家公開，搭配圖文步驟化，教你學會在地人吃法。

資訊、地圖符號說明

資訊
- 🏠 地址
- ⏰ 時間
- 休 公休
- 🚇 交通
- $ 費用
- ⓘ 備註

地圖
- 食店
- 景點
- 公車站
- 地標

Travel Keyword
澳門特搜關鍵字

世界文化遺產

澳門歷史城區包括了多座精采的世界文化遺產，大三巴牌坊、大炮台、鄭家大屋、東望洋燈塔都是必去的喔！

賭場酒店

新濠天地的水舞間、龍騰表演，永利酒店的吉祥樹、音樂噴泉，威尼斯人度假酒店的貢多拉遊船都不容錯過！

豬扒包

在澳門挑選任何一間茶餐廳的豬扒包都不會令你失望！大推玫瑰咖啡室、金馬輪咖啡室及大利來記！

葡撻

安德魯和瑪嘉烈的葡撻，香噴噴又熱辣辣！不試過又怎算來過澳門？

杏仁餅

想買些杏仁餅和親友分享？最香餅家、咀香園餅家、鉅記餅家都是一流水準的喔！

13

鄭家大屋

聖若瑟修院

牛房倉庫

澳門旅遊全攻略

民政總署

既然來到澳門，當然要嘗試各種必玩的玩意，品嘗必吃的美食，血拼必買的紀念品，感受一下澳門獨特的飲食文化啦！不知道該從何玩起？該吃些、買些什麼？這裡會為你送上必備的旅遊攻略，讓你擁有更開心、更順利的旅程！

澳門旅遊小錦囊

認識澳門

澳門本為一個小漁村，有「濠江」、「濠鏡」等別稱，由澳門半島及兩個離島——冰仔及路環，共三個部分組成。澳門和冰仔之間由嘉樂庇總督大橋、友誼大橋及西灣大橋連接，路冰之間側是 2.2 公里長的連貫公路。

正式名稱

16 世紀中葉，葡萄牙人抵澳，在媽閣廟登陸，問居民自己身在何處，居民都以為是問廟宇的名字，所以答說「媽閣」，澳門的葡文名稱「MACAU」亦因此而來。澳門經歷多年葡國人殖民統治，結合本地居民生活文化，交織出中西交融的獨特色彩，在建築、飲食、生活習慣方面都能充分體現出來，也成為澳門的最大特色之一。

體制

於 1999 年回歸後，澳門成為中華人民共和國的特別行政區，並採用「一國兩制，高度自治」的政治體制。後來賭權開放，外資娛樂企業紛紛進駐，令社會發展更為急促，博彩業的收入甚至超出美國拉斯維加斯，成為亞洲聞名的「賭城」。除了博彩業外，澳門還有不少吸引的地方，如被列為世界遺產的歷史城區，各種富有中西色彩的建築、獨特的飲食文化等等。

媽閣廟

人口

　　澳門人口現在約為 652,500 人，大部分居住在澳門半島，但隨著離島的發展，氹仔和路環的人口也逐漸增多。居民以華人為主，亦有少數葡人及其他國籍人士。

氣候

　　澳門屬於亞熱帶氣候，全年溫和，濕氣較重。12 ～ 2 月為最寒冷月分，但氣溫也有幾至十幾度，從不下雪。3 ～ 4 月漸漸回暖，天氣潮濕多雨。5 ～ 9 月天氣炎熱，尤其 7 ～ 8 月最熱，平均氣溫達 30 度或以上，而且是颱風季節。10 ～ 11 月開始轉涼，氣候怡人，是最適合旅遊的季節。

服裝

　　夏天時因氣候濕熱，建議以輕便涼爽的衣服為主。冬季須穿著毛衣外套，當溫度低於 10 度時，因為空氣中濕氣重，會比實際溫度感覺更冷，建議帶備羽絨。春秋天氣較涼，可準備風衣夾克及毛線衣服。

語言

　　以廣東話為主，部分居民亦懂得說簡單的英語和普通話，在旅遊區基本可使用這 3 種語言溝通。有趣的是，雖然澳門曾是葡國殖民地，葡語也是官方語言，但其實懂得葡語的居民只有很少數喔。

貨幣

　　以澳門幣 (Pataca，代號為 MOP) 為主，港幣亦流通，在部分商店亦可使用人民幣，但很多商鋪都不設「補水」（即補回差額）。匯率經常浮動，以下資料僅供參考：

新台幣兌澳門幣：NT$100：約 MOP$27
港元兌澳門幣：HKD$100：約 MOP$103
人民幣兌澳門幣：RMB$100：約 MOP$129

＼ 貼心小提醒 ／

　　因為澳門的普通話在近代才開始被列入學校課程，上一代的居民大多沒接受過正規的普通話教育，所以若在街上問路，挑選年輕一輩如中學生，成功的機會會更大。

氹仔市集

入境口岸

澳門國際機場

位於氹仔的澳門科技大學附近，前往澳門市區車程約 30 分鐘。現在直航澳門和台灣的航空公司主要有：

台北至澳門：澳門航空、長榮航空、台灣虎航
台中至澳門：長榮航空
高雄至澳門：澳門航空、長榮航空、台灣虎航

🚌 在機場門口有巴士（公車）站及計程車站，也有免費的酒店接駁車。往澳門市區的巴士有：26、36、AP1、MT1、MT2、N2(N2 為在深夜行駛巴士）

外港碼頭（又稱港澳碼頭）

位於新口岸區，交通方便，前往半島各區都十分便利。來往港澳的客船有噴射飛航及金光飛航兩間公司，也有昂貴但快捷的直升機空中快線，來往香港上環碼頭及港澳碼頭。從香港機場亦有直接來港澳碼頭的船班。

🚌 在碼頭門口右轉前行約 100 公尺有巴士站及計程車站，也有免費的酒店接駁車。往澳門各區的巴士有：1A、3、3A、10、10A、10B、10X、12、28A、28B、28BX、32、AP1(可往機場)、N1A (N1 為在深夜行駛巴士）

關閘口岸

位於澳門北區，連接澳門與珠海拱北口岸，同樣交通方便。

🚌 若坐巴士可到位於地下的巴士總站，在關閘拱門附近也有免費的酒店接駁車。往澳門各區的巴士有：1、3、3A、5、9、9A、10、10B、10X、16、17、18、25、25F、25X

氹仔臨時客運碼頭

位於氹仔機場附近，巴士行駛較少，只有酒店的免費接駁車，交通較為不便。若要前往半島市區，較建議使用外港碼頭。

🚌 在碼頭門口有巴士站，亦有很多免費的酒店接駁車。往澳門各區的巴士有：26、36、AP1、MT1、MT2、N2(N2 為在深夜行駛巴士）

蓮花口岸路氹邊檢大樓

位於路氹城區，鄰近威尼斯人、新濠天地、金沙城等各大酒店，但巴士較少，前往市區會比較不方便。

🚌 往澳門各區的巴士有：15、21A、25、26、26A、50、MT4

澳門插頭

電壓

插頭為三腳方形 (13A)，跟香港一樣，電壓為 220V。

電話

固定電話大部分都是 28 開頭，手機開頭數字為 6。所有澳門電訊公共電話亭，MOP$1 可通話 5 分鐘。亦可購買 IDD 預繳電話卡，有 $50 及 $100 可供挑選，有效期為 180 日。澳門的國際區號為 853，本地電話不分區，直接撥打電話就可以。

致電香港為 01 + 香港電話號碼。

致電海外為 00 + 國際區號 + 當地電話號碼。

上網

在議事亭前地的旅遊諮詢處、公共圖書館、一些飯店和互聯網咖啡廳內都可上網，另外在很多公園及世遺景點都設有免費 WI-FI (WIFI-GO)。

公共交通
巴士（公車）

由三間巴士公司經營，分別是新福利（車身以黃藍為主）、澳巴（車身以橙白為主）及新時代（車身以綠色為主）。車資如下：

新福利公車

澳巴公車

新時代公車

澳門半島內	澳門幣 3.20 元
氹仔區內，包括氹仔市區來往機場	澳門幣 2.80 元
路環區內，包括路環市區來往黑沙海灘	澳門幣 2.80 元
澳門半島來往氹仔	澳門幣 4.20 元
澳門半島來往路環	澳門幣 5.00 元
澳門半島來往路環黑沙海灘	澳門幣 6.40 元
氹仔往路環市區	澳門幣 3.20 元
氹仔往路環黑沙海灘或九澳	澳門幣 3.60 元

如購買澳門通，可享有減價車資，例如原價 MOP$3.2 的車資只收 MOP$2，亦可省卻沒有零錢的煩惱，還可以在連鎖便利店購物使用，十分方便，而且可以在一小時內享用免費轉乘優惠。首次購買按金 MOP$30，使用額值 MOP$100，之後每次加值額為 $50 及其倍數。退卡可到澳門通客戶服務中心，將獲退回按金及卡內餘額。購買及增值可到以下地點：

澳門通客戶服務中心：澳門友誼大馬路 918 號世界貿易中 13 樓 A-B 座

新福利銷售站：台山巴坡沙大馬路嘉翠麗大廈 181 號鋪

澳門電訊門市：台山巴坡沙大馬路 246-250 地下、高地烏街 25 號地下

　來來超級市場：各分店

　7-11 便利店：各分店

　OK 便利店：各分店

＼ 貼心小提醒 ／

退卡地點較偏遠： 澳門通雖然省錢好用，但退卡的地點較偏遠，並不方便，建議使用後可於網上旅遊討論區出售，利己又利人。現在香港的八達通亦開始在澳門少部分店鋪通用，將來會有更多店鋪陸續使用。

車速快，乘坐小心： 維澳蓮運巴士一般車速較快，且涉及意外較多，乘坐時要倍加小心。

澳門通

計程車（的士）

在澳門可隨處攔計程車，也可以到計程車站等候。以下為收費參考：

首 1,600 公尺（起錶）：收費 $15 元

其後每 230 公尺：收費 $1.5 元

停車等候：每分鐘收費 $1.5 元

大件行李：每件加收 $3 元

從澳門往路環或在澳門國際機場計程車候客區乘車：加收 $5 元附加費

從氹仔往路環：加收 $2 元附加費

各大酒店免費接駁車

各大酒店於各口岸都設有免費接駁車，但目的地只是口岸與酒店之間，並不會到達部分景點。

計程車

＼ 貼心小提醒 ／

攔計程車難免令澳門居民怨聲載道，一般來説，在各口岸及大型景點、賭場、酒店等攔計程車並不困難，但很多計程車都不駛入舊區，或出現拒載現象，因此使用巴士會較方便。

旅遊資料相關網站

澳門旅遊局	www.macautourism.gov.mo/cn
澳門城市指南	www.cityguide.gov.mo
澳門巴士指南	www.dsat.gov.mo/bus/tc
澳門通	www.macaupass.com/home.php
噴射飛航	www.turbojet.com.hk/tc
金光飛航	www.cotaijet.com.mo/zh-hant
澳門國際機場	www.macau-airport.com
澳門地球物理暨氣象局	www.smg.gov.mo/www/c_index.php
WIFI GO	www.wifi.gov.mo/tc/index.php

澳門地圖

旅客服務中心

於各口岸均設有旅客服務中心，可免費索取地圖及各種有用資料。

治安

澳門普遍治安良好，但在旅遊區如議事亭前地一帶扒手較多，巴士偷竊案也屢見不鮮，宜注意財物安全。

節日節慶

澳門是個中西文化交融的城市，節日及活動也充滿獨特色彩。當中的三大重頭戲：煙花滙演、大賽車及美食節更是不容錯過。

節日	日期
元旦日	1月1日
農曆新年	農曆初一至初三
復活節	按猶太曆法計算，約在3月尾至4月初
清明節	4月5日
勞動節	5月1日
佛誕節	農曆四月初八
端午節	農曆五月初五
中秋節翌日	農曆八月十六
中華人民共和國國慶日	10月1日
重陽節	農曆九月初九
追思節	11月2日
聖母無原罪瞻禮	12月8日
澳門特別行政區成立日	12月20日
冬至	12月21或22日
聖誕節	12月24～25日

其他大型活動

活動	月份
國際煙花滙演	每年9～10月，日期待定
澳門國際音樂節	每年10～11月，日期待定
美食節	每年11月，日期待定
格蘭披治大賽車	每年11月，日期待定

澳門 Top Topics

東方基金會會址

民政總署大樓

飽覽多個世界文化遺產

　　文化遺產很多地方都有，但有沒有想過，你可以不花一分一毫，便能一口氣飽覽多個世遺景點？澳門的歷史城區在 2005 年被列為世界文化遺產，歷史城區包括了大家都熟悉的如大三巴牌坊、大炮台、媽閣廟、東望洋燈塔及聖母雪地殿聖堂、鄭家大屋等等 20 多處具有重要歷史文化價值的建築，而且全部都能免費參觀，部分景點如鄭家大屋、盧家大屋等更設有免費導賞！這些世遺建築，有中式寺廟、西式教堂、揉合中西特色的大宅、在澳門軍事歷史裡擔當重要角色的炮台堡壘等等。既然來到澳門，當然要來一次免費的世遺之旅啦！

東望洋燈塔

崗頂劇院

獨特的中西文化風情

　　曾經作為葡國的殖民地，澳門不單承襲了傳統中國文化，更深受葡國風俗習慣的影響，在這裡你可以找到很多中西文化交融的痕跡——在前身為聖保祿教堂的大三巴牌坊旁，可以找到供奉哪吒的寺廟；在聖母雪地殿裡，可以看到充滿中國色彩的聖像壁畫；在充滿中國特色的鄭家大屋裡，可以發現突顯西方建築風格的天花和門楣；澳門不單慶祝中國傳統節日，也重視西方宗教節慶，在每年復活節和花地瑪聖母日都有聖像出遊；這裡的土生葡人美食，也揉合了澳門和葡人的煮食風格……在這裡你可以深深感受到中葡文化交融的獨特風情，發現澳門的與眾不同。

掃街尋訪美食之旅

　　因為融合了各種飲食文化，在澳門可以享受到各國美食，例如三盞燈多間緬甸餐廳、集中在荷蘭園的泰國餐廳，當然也少不了葡國、義大利、日本等受歡迎的料理，也有西班牙、阿根廷等等較少見的料理。若預算較多的，可以試試酒店裡的高級餐廳及豐富的自助餐；若預算較少的，也可以享受平民美食掃街尋寶的樂趣。澳門半島的議事亭前地、三盞燈、新橋、冰仔官也街等等都是美食雲集，最適合掃街之旅的好地方，若不趁機試試澳門的兩大名物——豬扒包和葡撻，那就等於沒來過澳門了！

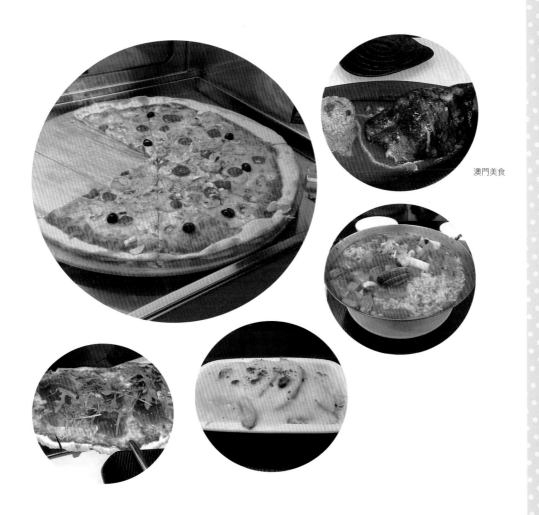

澳門美食

永利水母展覽

4 主題酒店的精采表演

美高梅金殿

　　就如另一個賭城拉斯維加斯一樣，澳門的主題酒店和各種表演都非常吸引，成為很多遊人澳門之旅的亮點。例如以威尼斯為主題建成的威尼斯人度假村、以歐陸廣場為設計藍本，以其美麗的天幕廣場聞名的美高梅金殿、雲集多間名店的永利酒店等等，令參觀酒店也成了一種樂趣，當然更不可不提各酒店的精采表演──新濠天地的水舞間、永利的吉祥樹和富貴龍、葡京的圓明園馬首銅像展覽、威尼斯人大運河購物中心裡的街頭藝人表演等都大獲好評，定會為你的行程添上繽紛色彩！

永利吉祥樹

5 五光十色的東方賭城

　　澳門被稱為「東方蒙地卡羅」，甚至有人說她能媲美拉斯維加斯，的確，澳門的賭場林立，尤其在新口岸區和路氹金光大道上，更是處處都可找到賭場，當中很多都有其主題特色，如巴比倫主題等等，裝潢豪華又有特色，令人留下深刻印象。在晚上穿梭賭場林立的街道，可見五光十色的霓虹燈，深深體會到這個賭城璀璨的一面。

大三巴牌坊

6 澳門三大盛事

作為旅遊城市，澳門每年都舉行各種旅遊
活動，其中最不能錯過的，便是每年的三大
盛事——國際煙花滙演、格蘭披治大賽車及
美食節。

澳門賽車

煙花滙演在每年 9 月舉行，參加的隊伍有中國、
日本、美國、法國、葡國、台灣等等，在星期六及中
秋節、國慶的晚上 8 點 40 分及 9 點 40 分，於西灣湖對開上演。至於最佳觀
賞地點，若想近距離觀看的話，可以到南灣湖政府總部附近；若想配合聲響
效果，可以到觀音像觀看。

格蘭披治大賽車已有 60 年歷史，是澳門每年最大的體育盛事，也是國際
車壇上重要的賽事，除了有三級方程式、格蘭披治電單車以外，澳門也是每
年的世界房車錦標賽的其中一站，很多著名車手如冼拿 (Senna)、舒麥加兄弟
(Schumacher) 等，也曾來澳門比賽。

美食節在十一月在西灣湖廣場舉行，雲集了澳門多種美食，分為中式、歐
陸、亞洲、風味、甜品等多條美食街，更會邀請一些外國餐廳如日本、馬來
西亞等等參加，多個美食攤位令人目不暇給，喜歡美食的朋友一定不可錯過！

7 挑戰極限的高空活動

也許在很多人心中，來澳門多是進
行較靜態的活動，逛街、吃美食、看
表演等等，不過，其實在這裡你也可
以嘗試很多刺激精采的玩意。喜歡挑
戰極限的朋友，一定不可以錯過澳門
旅遊塔的高空活動，從 233 公尺的
高空跳下來的笨豬跳，在高空繞塔而
行的「空中漫步」，徒手攀爬到塔頂
的「百步登天」，都在等著你來一一
挑戰！

澳門旅遊塔

澳門旅遊行程規畫

　　澳門是個麻雀雖小，五臟俱全的地方。無論你喜歡歷史文化、娛樂血拼、豪華享受、找尋美食，都可在這裡找到樂趣。在這裡提供幾款不同主題及不同天數的遊玩方式給大家參考，希望能幫助大家在澳門展開一次開心而豐富的旅程！

主題玩法經典行程

經典世界文化遺產之旅

Day 1　民政總署→議事亭前地→玫瑰堂及聖物寶庫→盧家大屋→主教座堂→大三巴牌坊→哪吒廟→戀愛巷→大炮台

Day 2　典當業展示館→福隆新街→崗頂劇院→聖奧斯定教堂→何東圖書館→聖老楞座教堂→鄭家大屋→亞婆井前地→主教山→港務局大樓→媽閣廟→旅遊塔

Day 3　氹仔官也街及地堡街（星期日可加遊氹仔市集）→路氹歷史博物館→龍環葡韻→嘉模教堂→路環市區→聖方濟各教堂→譚公廟

Day 4　二龍喉公園→防空洞展示廊→東望洋炮台及燈塔→聖母雪地教堂→離開澳門

美食玩家的覓食天堂

Day 1　福隆新街→十月初五街→新馬路一帶

Day 2　議事亭前地→營地街市美食中心→大堂巷→盧家大屋→主教座堂→賣草地→大三巴牌坊→哪吒廟→戀愛巷→大炮台

Day 3　氹仔官也街及地堡街（星期日可加遊氹仔市集）→龍環葡韻→路環市區→聖方濟各教堂→譚公廟

Day 4　三盞燈→義字街市集→新橋區→離開澳門

享受大自然的親子同樂遊

Day 1 議事亭前地→營地街市美食中心→大三巴牌坊→澳門博物館→大炮台

Day 2 澳門科學館→漁人碼頭→賽車博物館→二龍喉公園→通訊博物館

Day 3 冰仔官也街及地堡街（星期日可加遊冰仔市集）→龍環葡韻→石排灣郊野公園及熊貓館→黑沙海灘→黑沙水庫郊野公園

Day 4 三盞燈→義字街市集→新橋區→離開澳門

貴婦購物血拼 + 看秀

Day 1 議事亭前地→營地街市→大三巴牌坊→板樟堂行人專區→白馬巷→水坑尾

Day 2 澳門旅遊塔→葡京及新葡京酒店→永利酒店及名店街→美高梅金殿酒店→漁人碼頭

Day 3 冰仔官也街及地堡街（星期日可加游冰仔市集）→龍環葡韻→威尼斯人度假酒店及大運河購物中心→新濠天地

Day 4 三盞燈→義字街市集→新橋區→離開澳門

精選路線套裝行程

2 天行程

Day 1 議事亭前地⟶營地街市美食中心⟶玫瑰堂⟶盧家大屋⟶賣草地⟶大三巴牌坊⟶澳門博物館⟶大炮台

Day 2 冰仔官也街及地堡街（星期日可加遊冰仔市集）⟶龍環葡韻⟶威尼斯人度假酒店及大運河購物中心⟶離開澳門

3 天行程

Day 1 議事亭前地⟶營地街市美食中心⟶玫瑰堂⟶盧家大屋⟶賣草地⟶大三巴牌坊⟶澳門博物館⟶大炮台

Day 2 冰仔官也街及地堡街（星期日可加遊冰仔市集）⟶龍環葡韻⟶威尼斯人度假酒店及大運河購物中心⟶新濠天地⟶路環市區⟶聖方濟各教堂⟶譚公廟

Day 3 二龍喉公園⟶松山纜車⟶防空洞展示廊⟶東望洋炮台及燈塔⟶聖母雪地教堂⟶離開澳門

5 天行程

Day 1 議事亭前地⟶營地街市美食中心⟶玫瑰堂⟶盧家大屋⟶賣草地⟶大三巴牌坊⟶澳門博物館⟶大炮台

Day 2 旅遊塔⟶葡京及新葡京酒店⟶永利酒店及名店街⟶美高梅金殿酒店⟶賽車博物館⟶葡萄酒博物館⟶金蓮花廣場⟶漁人碼頭

Day 3 氹仔官也街及地堡街（星期日可加遊氹仔市集）⟶龍環葡韻⟶威尼斯人度假酒店及大運河購物中心⟶新濠天地⟶路環市區⟶聖方濟各教堂⟶譚公廟

Day 4 福隆新街⟶崗頂劇院⟶聖奧斯定教堂⟶何東圖書館⟶聖老楞座教堂⟶鄭家大屋⟶亞婆井前地⟶主教山⟶港務局大樓⟶媽閣廟⟶旅遊塔

Day 5 二龍喉公園⟶松山纜車⟶防空洞展示廊⟶東望洋炮台及燈塔⟶聖母雪地教堂⟶離開澳門

4 天行程

Day 1 議事亭前地⟶營地街市美食中心⟶玫瑰堂⟶盧家大屋⟶賣草地⟶大三巴牌坊⟶澳門博物館⟶大炮台

Day 2 旅遊塔⟶葡京及新葡京酒店⟶永利酒店及名店街⟶美高梅金殿酒店⟶賽車博物館⟶葡萄酒博物館⟶金蓮花廣場⟶漁人碼頭

Day 3 氹仔官也街及地堡街（星期日可加遊氹仔市集）⟶龍環葡韻⟶威尼斯人度假酒店及大運河購物中心⟶新濠天地⟶路環市區⟶聖方濟各教堂⟶譚公廟

Day 4 二龍喉公園⟶松山纜車⟶防空洞展示廊⟶東望洋炮台及燈塔⟶聖母雪地教堂⟶離開澳門

澳門必買特色紀念品

　　來到澳門當然想把一些有澳門特色的紀念品帶回家了！澳門的紀念品琳瑯滿目，到底有哪些是最具特色最值得購買的呢？

葡國陶瓷雞

　　有到過葡國旅行的朋友，一定會發現公雞是很受歡迎的動物，作為葡國的吉祥物和民族圖騰，在很多紀念品，像明信片、磁磚、瓷器碗碟等都可見到這隻色彩斑爛的公雞，可說是「雞蹤處處」。其實，這隻公雞的背後是有一段膾炙人口的故事的喔！

葡國雞瓷磚

　　話說從前，在葡國北部一個叫巴希羅斯 (Barcelos) 的小鎮，有一個朝聖者在朝聖途中被誤認為小偷，結果被判處死刑。為了證明自己清白，他向上天起誓，說假若他是無辜的，那麼法官晚餐桌上的烤雞便會啼叫起來，結果奇蹟發生了！他的誓言竟然實現了！死公雞突然「復活」，嚇了大家一跳，而這名朝聖者亦因此無罪釋放，從此公雞的故事便成了佳話，傳遍全國，亦成了正義的象徵了。

　　澳門曾經作為葡國的殖民地，很多紀念品亦深受葡國影響，這黑色的陶瓷雞便是其中之一，這隻色彩奪目的公雞，不僅別具葡國風情，而且還能帶來好運呢！

葡國陶瓷雞

天氣雞、天氣聖母和天氣貓頭鷹

能報天氣的公雞？大家可能聞所未聞吧！這也是另一款來自葡國的產物喔！當然，這公雞不能什麼天氣都能報，但它有一個神奇的功能一就是能告訴我們濕度了！因為用了一種特別的化學物料製造，天氣潮濕時公雞會變成粉紅色，乾燥時會變成粉藍色，真的十分有趣呢！除了天氣雞外，還有天氣貓頭鷹，而因為葡國是虔誠的天主教國家，所以也有天氣聖母像。

街道名牌

天氣雞

古怪街道名牌

澳門的街道名，因為受了葡國和本地文化的影響，又古怪又有特色，而且，白底藍字的街道名牌亦很具葡國風情，所以被製成了別緻又美觀的紀念品，最常見的有街道名牌磁鐵，才十幾塊錢一個，又便宜又有特色，很適合把一大堆買回去餽贈好友同事呢！

賭博相關紀念品

澳門既然被稱為東方的拉斯維加斯，博彩業擔當着重要角色，當然有不少和賭博相關的紀念品了！把這些籌碼形狀的鎖匙扣帶回去，你的朋友定會知道你曾經來過澳門玩喔！

籌碼紀念品

澳門街名趣事一籮筐

大家在澳門旅遊，除了欣賞景點以外，不知有沒有留意到一些有趣的街道名字呢？例如之後介紹的「跛腳梯」便是其中一個例子。有趣的街名早已成為澳門最大的特色之一了。知道了這些街名的小趣事，不單可以增加對澳門文化的了解，還可以令你的旅程更添趣味喔！

澳門街道類型

澳門按不同的規模，給每一條街歸納到不同的類型。大家都知道的街、馬路、大馬路等就不再介紹了。因為澳門橫街窄巷很多，所以出現的街道類型也不少！

例如：**巷**：比街較小的街道。

里：根據《辭海》的解釋，「里」是古代居民聚居的地方，是較短和較小的巷。

圍：周圍的人居住在一起。

口：某個地方的出口。

台：沒有出口的小巷。

前地：來自葡文「Largo」，即是某個地方前面的空地。

猜猜看這些街道是什麼意思

澳門很多街名都跟居民的生活文化和社會的經濟發展息息相關，看到這些街名，你或者會覺得不可思議，甚至會笑出來呢！

大三巴區

戀愛巷：戀人的浪漫邂逅，就是在這裡開始……

白鴿巢及沙欄仔區

煩懣圍：走在當中是不是會令人感到很煩擾

呢？

爛鬼樓：這個地方是不是又爛又常鬧鬼的？

十月初五街：大家能否猜到這是什麼大日子？這其實是葡國的國慶呢！不過，為了因應中國人的習慣，所以就用了農曆。

沙梨頭區

蟒里：好可怕啊！我是怕蛇的呀！

羔羊圍：千萬別把我當作肥羊宰了！

氹仔市區

大蘿巷：讀這個名字是真是有點尷尬，「蘿」在廣東話是指臀部啊！

雞毛圍：經過時不小心一點會弄到「雞毛鴨血」喔！

老虎巷：有蛇已夠可怕了，有老虎出沒就更恐怖了！

路環市區

賊仔圍：走在這裡要小心被打劫喔！

撻沙街：我想這一定跟捕魚有關吧！（撻沙即是比目魚）

美女巷：想看美女的男士快到這裡來吧！

肥胖圍：難道住在這裡的人都是肥胖的？

屐屐圍：我很懷疑，有多少人會懂得讀這兩個字。

街名繞口令考考你

因為受葡文翻譯影響，澳門有很多又怪又長的街名。請在 30 秒內讀出以下的街名：

亞美打利比盧大馬路、肥利喇亞美打大馬路、罅些喇提督大馬路、沙嘉都喇賈罷麗街、嘉路士米耶馬路、比厘喇馬忌士街、道咩卑利士街、爹利仙拿姑娘街……

很難讀是吧！而且感覺很陌生，都不知這些街道在哪裡！澳門人也煩夠了，於是把它們改了名，告訴你它們現在的名字，你就會恍然大悟了。

亞美打利比盧大馬路→新馬路
肥利喇亞美打大馬路→荷蘭園大馬路
罅些喇提督大馬路→提督馬路
爹利仙拿姑娘街→姑娘街

不祥和不雅的街名

真不知道怎麼搞的，澳門竟然有這麼不祥和讀音難聽的街名！不過現在當中部分已成歷史了。這些街道的原名，只有上一輩的老居民才知道

近西街：任誰都不想歸西吧！還是叫美麗街好了。

柯高馬路：「柯」在廣東話和「疴」（即如廁）同音，叫「高士德」不是好聽一點嗎？

瘋堂斜巷：住在瘋堂附近真恐怖啊！不過沒法子，這街名到現在還沒改，居民都已習慣了。

永安息巷：這是在墳場附近的一條巷子，這名字真有點不吉利啊！

令遊客和本地人都搞混的街名

大三巴、三巴仔和三巴門

是不是以為這三個地方應該就在同一帶呢？其實它們都各據一方喔！大三巴是在澳門的地標牌坊，三巴仔是在風順堂的聖若瑟修院附近，三巴門在白鴿巢公園附近，千萬別搞錯啊！

海邊新街 VS. 河邊新街

很多人在澳門住了這麼多年，始終都搞不清這兩個。查完資料後，我才知道海邊新街在十月初五街附近，河邊新街是下環通往媽閣的那條大街。天啊！真的被耍透了！

黑沙環 VS. 黑沙灣

這個澳門人多數不會搞錯，因為澳門人都叫「黑沙海灘」作「黑沙」，只有遊客才會稱之為「黑沙灣」。黑沙環是在澳門半島，位於澳門北區；黑沙灣是在路環，位於最南。真的是天南地北，差之毫釐，謬以千里啊！

有區域之分的街名

因為填海，近年湧現了很多新的街道，政府用了較有組織的系統去命名。新口岸新城區用的是城市名——北京街、上海街、巴黎街、馬德里街等等。路環聯生工業村一帶的街名都是植物名——紅棉路、紫荊街、楹花街、黃槐路、桑樹街等等。

澳門飲食
文化全攻略

澳門的美食琳琅滿目，可以選擇到酒樓「飲茶」吃點心；到茶餐廳叫來一份三文治或包類，再加一杯飲品，享受一頓美味下午茶；也可以到麵家吃一碗雲吞麵；又或是到小食店「掃街」吃魚蛋、香腸，這裡簡直就是美食天堂！

澳門餐廳點餐，術語大解密

大家來到澳門，一定會發現餐廳裡滿是看不懂的術語，就連食物的名字都是古古怪怪的，看不懂也聽不明白，就像是「火星文」一樣令人摸不著頭腦，不禁為了點菜而發愁，不過不要緊，這裡會為你解讀一些有趣的餐廳常用術語，看了之後就不用再煩惱啦！

常見的餐廳種類

澳門版（粵語）	台灣版（中文）
酒樓、酒家、茶樓	**港式飲茶餐廳** 可以飲茶和吃點心，當中還包括以海鮮為主的海鮮酒家，以及主要提供火鍋的火鍋酒家
茶餐廳、咖啡室	**茶餐廳** 可以吃到三文治、各種包類、麵（或公仔麵）、飯類等，作為早餐、午飯或下午茶，食物走平民路線，價錢便宜
麵家	**麵店** 以提供各種麵食為主，如雲吞麵、水餃麵、牛腩麵等
粥店	**粥店** 以提供各種廣東粥品為主，如及第粥、艇仔粥、肉丸粥等
熟食中心	**室內小販中心** 通常設在街市頂樓，售賣的食物以廉價大眾化為主
美食廣場	**美食廣場** 多設在百貨公司或商場，由多間食店組成，為客人提供多元化組合性餐飲
快餐店	**速食店** 賣速食的餐廳
小食店	**小店鋪** 賣魚蛋、香腸等小吃
街邊檔	**路邊小攤** 售賣小吃為主
大排檔	**路邊攤** 一種室外餐廳，沒有空調，衛生環境也較差，但價錢便宜

菜單常見的術語

澳門版（粵語）	台灣版（中文）
走青	不加葱
走辣	不要辣
走色	不加醬油
加底	把飯或麵的分量加大
扣底	把飯或麵的分量減少
炒底	把白飯改成蛋炒飯
烘底	把麵包烤烘
飛邊	把方包的四邊切走
撈	拌
白灼	用熱水煮
齊醬	所有醬料都要加上，通常是吃腸粉時用
餐牌	菜單
落單	點菜

 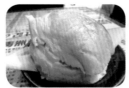  

點菜時

澳門版（粵語）	台灣版（中文）
燒味	燒臘，分為叉燒、燒肉、油雞、白切雞等
煲仔飯	以沙鍋作容器煮成的飯，常見的有窩蛋牛肉飯、鳳爪（雞腳）排骨飯等
小菜	熱炒
多	多士（即吐司）、油多（牛油多士）、占多（果醬多士）、奶油多（牛奶＋牛油多士）、花生多（花生醬多士）
治	三明治：蛋治（雞蛋三明治）、腿蛋治（雞蛋火腿三明治）、公司治（綜合三明治）
硬包及軟包	硬包是葡式豬仔包（即是豬扒包用的麵包），軟包為軟身的麵包
公（丁）	公仔麵（泡麵）：餐蛋公（午餐肉雞蛋公仔麵）、豬公／豬扒公（豬扒公仔麵）、辣魚公（辣魚公仔麵）。丁是指出前一丁牌子的泡麵
通	通粉，配料和公仔麵相同
意粉	義大利麵
奄列	蛋卷
免治	絞肉／碎肉
西多士	加上蛋汁及奶油的油炸多士，即法國吐司
油炸鬼	油條
涼粉	仙草
班戟	鬆餅
豬潤	豬肝
豬手	豬腳
豬紅	豬血，與油菜一起煮便是豬紅菜
窩蛋	蛋的一種煮法，把生的蛋放進飯裡，利用飯的熱力把它弄成熟蛋。窩蛋是半（未）熟的蛋

澳門版（粵語）	台灣版（中文）
蝦籽	蝦卵
雲吞	餛飩
撈麵	拌麵
貴刁	即粿條，一種東南亞國家的麵食
河粉	用米漿做成的一種粉皮，在中國南方和港澳都很常見，當中最具代表性的是乾炒牛河
瀨粉	廣東一種麵食，口感較滑，呈長粉條狀
全餐	綜合
腸仔	香腸
魚蛋	魚丸
獅子狗	一種空心圓柱狀的日式魚卷
生果撈	把不同水果混在一起，以水果汁作汁底的甜食
雪糕	冰淇淋
雪條	冰棒
啫喱	果凍
布甸	布丁
西米	從植物提取的澱粉，用來做西米露的材料，有點像台灣珍珠奶茶裡的珍珠，但較細小。
朱古力	巧克力
士多啤梨	草莓
車厘子	櫻桃
雲呢拿	香草
薏米	薏仁

買飲料時

澳門版（粵語）	台灣版（中文）
鴛鴦	奶茶加咖啡
奶克	好立克，一種用麥芽做成的飲品
阿華田	用麥芽精華、糖、乳清及可可粉做成的飲料
菊蜜	菊花蜜糖
菜蜜	西洋菜蜜糖
檸蜜	檸檬蜜糖
檸賓	檸檬利賓納（利賓納是一種黑加侖子飲品）
檸樂	可樂加檸檬
咸檸七	七喜（7-up，一種汽水）加檸檬及咸柑桔
益力多	養樂多
飛砂走奶 / 齋啡	不加砂糖和花奶
走冰	不加冰
凍飲	冷飲
飲筒	飲管
淨飲雙計	在部份茶餐廳或咖啡店，若不點食物，只叫飲品，價錢雙計

結帳時

澳門版（粵語）	台灣版（中文）
埋單／找數／睇數	結帳
散銀	零錢
補水	補回各種貨幣之間的差價
貼士	小費
加一	加 10% 服務費
茶位	飲茶時每個人都要付一份喝茶的費用
免茶	免收茶位的費用
茶芥	飲茶時辣醬、小食（如花生）等再加上茶位的費用
點心紙	「飲茶」時用來記錄點心付帳的紙
簽卡／碌卡	用信用卡付帳
蚊	元
毫子	角
銀仔	硬幣
銀紙	紙幣
AA 制	各自支付自己一份的費用

其他用語

澳門版（粵語）	台灣版（中文）
行街／打包	外帶
伙記	服務生
即到	馬上來
卡位	茶餐廳裡面對面的廂座
搭枱	和陌生的客人同桌

到茶餐廳要喝什麼？

　　茶餐廳文化是港澳的特色，雖然食物簡單廉價，有些甚至是現成的，但卻和居民的生活息息相關，所以，到茶餐廳吃一頓早餐或下午茶，大家不僅可以嘗試到澳門的美食，更可以增加對澳門居民生活習慣的了解喔！茶餐廳除了提供美食，還會有很多特別的飲品供大家選擇，當中很多都是別具特色的，大家有機會一定要嘗一嘗！現在就讓我們來看看茶餐廳裡最常見的飲品吧！

咖啡

　　這個不只澳門，很多地方的人都有喝咖啡的習慣，澳門很多茶餐廳的咖啡都很有水準，不過茶餐廳提供的咖啡款式，當然不會像咖啡店那樣琳瑯滿目，沒有卡布奇諾，也不會有拿鐵，雖然只是看來很平凡的一杯咖啡，但卻是不少人的心頭至愛。

奶茶

　　奶茶在茶餐廳文化中，也跟咖啡一樣擔當著重要角色。顧名思義，奶茶就是奶加茶的意思。奶茶在每一間茶餐廳都能喝到，如大家想特別一點，可以試試一款叫「絲襪奶茶」。所謂「絲襪奶茶」，它的製法其實是把奶茶倒進一個棉紗網裡進行過濾，隔走茶渣，令奶茶更香滑，因為棉紗網浸了奶茶後會變成絲襪的顏色，所以又稱為「絲襪奶茶」。「絲襪奶茶」比一般奶茶更香更滑，而且非常有特色呢！

蜜糖系列

　　澳門人很喜歡把蜜糖加進飲料裡，每間茶餐廳都會提供各種「蜜」，把西洋菜和蜜糖混在一起，叫菜蜜；菊花精和蜜糖的組合，叫菊蜜，當然還有很受歡迎的檸檬加蜜糖，即是檸蜜了。在部分茶餐廳還會提供無花果蜜，這款飲品是在茶餐廳裡較少見的，在第五章將會介紹的西灣安記可以喝到，大家不妨去試試。

好立克、阿華田

　　這兩款都是茶餐廳必備的經典港式飲品。好立克是一種用麥芽做成的飲品。如果大家怕喝了奶茶或咖啡會睡不著，好立克會是另一個選擇。它的味道較淡，人們多加糖喝，但也有些人愛什麼也不加只喝原味。阿華田是用麥芽精華、糖、乳清及可可粉做成的飲料，味道香濃，是澳門人吃早餐的熱門之選。

特色飲品

　　澳門人也很喜歡把不同的東西混在一起喝，例如咸柑桔、檸檬加上七喜汽水，便成了一款叫「咸檸七」的特色飲品。利賓納（一款黑加侖子飲品）加上檸檬會成了「檸賓」，檸檬加上可樂就是「檸樂」了。

盒裝飲品

　　盒裝飲品的款式很多，有果汁、檸檬茶、豆奶等，在香港和澳門都能喝到，但當中有一款是澳門限定的，就是柑香茶了。柑香茶不像橙汁那樣酸，但也不會太甜，味道清香，十分好喝，而且在澳門才能喝到，逛超市時不妨買來試試！

茶樓飲茶有學問

Step 1 找位

　　飲茶的步驟很簡單，首先需要找好位置，茶樓的地方有限，所以港澳人都流行「搭檯」，即是與陌生人同桌。

Step 2 開茶

　　找好座位坐後是開茶，服務生會來問你喝哪種茶，通常有普洱、香片（即茉莉花茶）、鐵觀音等等，然後會詢問你客人共有多少位。茶樓是會按人數來收「茶位」的，即是每個人都要付一份喝茶的費用。

傳統飲茶用的茶盅，現在只有在傳統茶樓裡才能看到了。

Step 3 洗杯

　　接著，他們會在桌上放上一兩個膠兜或玻璃兜，千萬別拿它來裝食物喔！這是給你洗杯洗碗用的。因為很多人都知道茶樓衛生較差，所以杯和碗都要自己洗一遍，洗好以後，把洗杯的水倒在膠兜裡，服務生便會替你處理了。

廣東人習慣在喝茶前先把茶具清洗一下。

Step 4 茶價

　　服務生還會為你送上辣醬、小食（如花生）等，這些叫「茶芥」，是必付的費用。他還會給你一張點心卡，是記錄你吃了什麼用來結帳的。

用來記錄點心付帳時用的點心紙。

叫來一盅茶，一籠點心，已足夠好好享受一番了。

Step 5 品點心

　　開好茶後，當然要品嘗好吃的點心了！茶樓的點心分為小點、中點、大點、特點、頂點、超點等等，來區分點心的價值。常吃的點心有包點（叉燒包、奶黃包、蓮蓉包、豆沙包）、蝦餃、燒賣、鳳爪、排骨、牛肉、雞扎、腸粉等等。

　　以前的茶樓都是用手推車賣點心的，不同類型的點心，會放在不同的推車上，例如包點通常會放在同一架車上。只要告訴推車的嬸嬸你想要什麼，她便會把點心送上桌，並在點心卡上蓋咇。

Step 6 埋單

　　飽餐一頓後，當然要結帳啦！結帳的廣東話叫「埋單」，以往的茶樓是以點心卡計算的，現在的酒樓會用電腦運作，通常都會加收服務費，「加一」即是加 10%，「加一五」即是加 15%。茶樓和酒樓多在早上和中午提供點心，晚上只設晚飯及宴會服務。

從前的茶樓都會用這種點心車，一籠籠的點心放在上面任君選擇。

紅街市

何東圖書館

澳門旅遊商務中心

威尼斯人

澳門
分區玩家地圖

白鴿巢公園

大家想只花一點點錢就可以遊遍澳門嗎？先來新馬路、大三巴、風順堂一帶看看吧！這裡是文化遺產的集中地，全都是免費的，在等著你逐一造訪喔！之後可以去豪華的酒店享受一番，新口岸區各大酒店雲集，欣賞精采的表演和展覽，也不用花一分錢！豐富的旅行又怎可少了美食？遊玩完畢後，不妨到美食天堂高士德三盞燈區及冰仔區充充電吧！才花幾十澳門幣，就能把美食一網打盡，吃得飽飽盡興而歸！這樣豐富的一天行程，也不用 100 元澳門幣呢！大家還在等什麼呢？各種好吃好玩的東西，就在澳門等著你喔！

大三巴、板樟堂

這裡可說是來澳門旅遊必去的精華地區，澳門最具代表的地標大三巴牌坊、全澳規模最大的澳門博物館，還有商鋪林立，集合了各種伴手禮的購物街，吸引了一批接一批的遊客，是澳門最熱鬧的區域，來到這裡觀光血拼，絕對不會空手而回！

戀愛巷

TRAVESSA DA PAIXÃO

玩家 👣 散步路線

玫瑰堂及聖物寶庫（約3分鐘）→盧家大屋（約1分鐘）→主教座堂（約1分鐘）→葡文書局（約5分鐘）→大三巴牌坊，天主教藝術博物館與墓室（約3分鐘）→哪吒廟（約1分鐘）→戀愛巷（利用扶手電梯，約10分鐘）→澳門博物館及大炮台（約10分鐘）→十月初五街及沙梨頭區

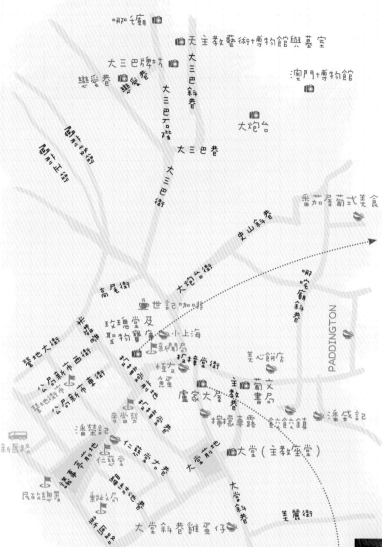

玫瑰堂及聖物寶庫
猶如聖殿的巴洛克建築

　　玫瑰堂由道明會於 1587 年創建，因為起初用木板搭建，因此得到了「板樟廟」的稱號。教堂充滿巴洛克式建築風格，其聖物寶庫同樣不能錯過，收藏了三百多件宗教藝術品，包括彌撒所用的器具，各種栩栩如生的聖像，雕刻精美的版畫，神父用的祭衣等等，還有收藏著澳門最古老的銅製大鐘。

| DATA |
🏠 聖母玫瑰堂前地（議事亭前地旁）🚌 2、3、3A、3X、5、7、10、10A、11、18、21A、26A、33 公車（新馬路／站下車，步行約 5 分鐘），或 3、4、6A、8A、18A、19、26A、33 公車（新馬路／永亨站下車，步行約 3 分鐘）⏰ 10:00～18:00 💲 免費

| DATA |
🏠 大堂巷 7 號 🚌 2、3、3A、3X、5、7、10、10A、11、18、21A、26A、33 公車（新馬路／大豐站下車，步行約 10 分鐘），或 3、4、6A、8A、18A、19、26A、33 號公車（新馬路／永亨站下車，步行約 5 分鐘）⏰ 09:00～19:00 💲 免費

盧家大屋
充滿歷史痕跡的老宅

　　這座宏偉的大宅，其實是澳門著名商人盧華紹（盧九）的舊居，歷史悠久，早在清光緒 15 年（1869 年）已經落成，身處其中，遊客可以欣賞到典型中式大宅纖細典雅的建築風格。毗鄰還有很多知名小吃店，深受遊客歡迎。

大堂（主教座堂）Ⓐ
優雅聳立的主教堂

於 1622 年建造，設計簡單卻優雅，其最重要的寶物是祭壇下掩埋著 16 及 17 世紀主教和聖徒遺骨。大堂周邊的廣場環境優美，氣氛悠閒，大堂巷餐廳林立，是遊客休息和找尋美食的好地方。

| DATA |

🏠 大堂前地（又稱大廟頂）🚌 2、3、3A、3X、5、7、10、10A、11、18、21A、26A、33 公車（新馬路／大豐站下車，步行約 10 分鐘），或 3、4、6A、8A、18A、19、26A、33 公車（新馬路／永亨站下車，步行約 5 分鐘）🕐 07:30 ～ 18:30

葡文書局 Ⓑ
濃厚歐式書香味

葡文書局是澳門售賣葡文書籍的三個地方之一，除了售賣書籍外，還會經常舉辦葡文推廣活動。書店的設計很有特色，尤其是地面上的葡式碎石路分外吸引，即使看不懂葡文書籍，來這裡感受一下歐洲書店的書香氣氛也很不錯。

| DATA |

🏠 板樟堂街 18 ～ 22 號 🚌 2、3、3A、3X、5、7、10、10A、11、18、21A、26A、33 公車（新馬路／大豐站下車，步行約 10 分鐘），或 3、4、6A、8A、18A、19、26A、33 公車（新馬路／永亨站下車，步行約 5 分鐘）🕐 11:00 ～ 19:00 🈑 週日

天主教藝術博物館與墓室 Ⓒ
珍藏神聖的重要作品

這裡的氣氛肅穆神聖，墓室的透明匣子裡放著一些殉教者的遺骨。藝術館收藏有宗教畫、雕刻、禮儀裝飾品等，還有最重要的珍藏──《聖味基聖像》、《日本長崎的殉道聖人》和 4 幅詮釋聖方濟各一生的作品等。

| DATA |

🏠 澳門大三巴牌坊後面 🕐 09:00 ～ 18:00 💲 免費

大三巴牌坊 Ⓓ
中西融合的建築風格

來澳門旅遊又豈可不去大三巴牌坊？這座澳門最具代表性的地標，可說是命運多舛。它是聖保祿教堂的遺址，在 1835 年遭受大火燒毀後，就只剩下正面前壁，還有教堂前充滿特色的石階了。因為這座前壁跟中國的傳統牌坊形狀相似，因此又被稱為「大三巴牌坊」，亦由於其中西合壁風格在全世界的天主教堂實屬罕見，更突顯了這座牌坊的珍貴之處。

| DATA |

🚌 2、3、3A、3X、5、7、10、10A、11、18、21A、26A、33 公車（新馬路／大豐站下車，步行約 10 分鐘），或 3、4、6A、8A、18A、19、26A、33 公車（新馬路／永亨站下車，步行約 10 分鐘）

哪吒廟 E
風格簡單，小巧別緻

就在大三巴牌坊的右側，於 1888 年創建，供奉哪吒，建築風格簡單，小巧而別緻。

| DATA |

🏠 大三巴牌坊側

澳門博物館 F
體驗澳門的文化風情

想了解澳門歷史和人文風貌，一定不可以錯過這間館藏豐富的博物館，它用生動有趣的展示方式，介紹了昔日澳門的風貌、居民生活風俗、傳統製造工業、宗教文化等等。走完一趟後，保證你對澳門的了解會加深不少。遊覽完畢後，更可以到大炮台俯瞰澳門景色，一舉兩得。

| DATA |

🏠 博物館前地 112 號（大炮台）🕙 10:00～18:00（最後進館時間為 17:30）🚫 週一 💲 $15，5～10 歲兒童、學生及 60 歲或以上長者 $8，5 歲以下兒童及學校團體免費，每月 15 號對公眾免費開放

戀愛巷 G
電視劇熱門取景地

因為名字浪漫，兩旁的建築物優美又別具特色，戀愛巷已成了很多旅人必遊的地方了，也曾有電視劇和電影在這裡取景。這條小巷短小精緻，是拍照的熱門地點。

| DATA |

🏠 大三巴牌坊側

大炮台 H
澳門全景一覽無遺

原名為聖保祿炮台，在 1626 年建成，澳門居民多稱之為「大炮台」，占地約一萬平方公尺，以前曾是澳門氣象台所在地。在此可居高臨下飽覽整個澳門的景色。為免爬上坡路辛苦，建議遊客採用澳門博物館附設的電梯，即使不進入博物館也可以免費使用。

| DATA |

🚌 從澳門博物館坐電梯直上（見圖）🚫 週日 ℹ️ 電梯在博物館公休日，是不會運作

恆友魚蛋
獨門醬汁，滑Q彈牙

從大三巴牌坊走下來轉入大堂巷，你可以發現這家門庭若市，以咖哩魚蛋作招牌菜的小食店——恆友。他們的魚蛋最出色的地方，就是其特製的咖哩汁，因此，除了售賣魚蛋、肉丸等小食，咖哩醬同樣是不少遊客會購買的伴手禮。

| DATA |
- 澳門新馬路大堂巷 12C 號地下
- 2、5、6A、7、16、28B 公車（南灣大馬路／時代站下車，步行約 5 分鐘）
- 12:00～24:00

咖哩魚蛋

咖哩魚蛋的靈魂在於醬汁，恆友的醬汁真的與眾不同，散發著獨特的濃郁香味，用彈牙的魚蛋沾沾醬汁，再放進口裡慢慢品嘗，即使吃完後香味還留在口中，那真的是不一樣的滋味呢！

Best 1

約 $ 12（一碗 12 顆）
- ★★★★☆
- CP ★★★☆☆

玩家帶路指南

魚蛋魅力 風靡學生族群

大家到港澳地區旅遊時，不難發現本地人都很愛吃咖哩魚蛋，魚蛋店多如雨後春筍。在每間學校附近總有一間魚蛋店，每逢放學時間，學生都擠滿了店鋪，每人都拿著一串魚蛋享受地吃著。從前，每間學校的飲食部都賣魚蛋，只是，現在因為教育部門推行健康小賣部，所以已此景不再，但這卻絲毫無損學生對魚蛋的熱愛，也造成了學校附近魚蛋店林立的現象。魚蛋的成本很低，要做得好吃也不困難，又受學生歡迎，難怪會出現滿街都是魚蛋店的現象了。

美心餅店
體驗當地人早餐文化

美心是一間陪伴著很多澳門人成長的餅店，特別是上班族和學生，都會到這間餅店買早餐，所以若想體驗澳門人的早餐文化，不妨來這裡買個麵包或西餅試試吧！他們售賣的很多都是普羅大眾時常吃到的，一般餅店都會做的某幾種普通麵包，不過有一種食品是個人覺得特別出色，值得向大家推薦的，那就是特色西餅——蝴蝶酥。

Best 1

約 $ 7
- ★★★★★
- CP ★★★☆☆

蝴蝶酥

就如其名一樣，蝴蝶酥是形狀像蝴蝶的一種糕餅。製作蝴蝶酥的店鋪在澳門並不多見，而且很多都是素質平平，又乾又淡的，但美心的卻是非常好吃！蝴蝶酥呈金黃色，賣相非常吸引人，酥皮做得非常鬆脆可口，而且散發著滋潤心田的甜滋滋味道，有一種慢慢在口中融化的感覺！

| DATA |
- 板樟堂街 31 號
  其他分店：澳門渡船街 14 號 A-B 地下．氹仔成都街至尊花城麗晶閣 3 座 M 地下．澳門水坑尾街 112 號 C 地下．澳門南灣大馬路 623 號 G 時代商業中心地下．馬場海邊馬路祐漢中心 1-5 號 C 地下．澳門士多鳥拜斯大馬路 22 號 B-C 地下．澳門祐漢第 3 街順利樓 A011 號地下
- 2、2A、5、7、7A、8、9、9A、12、16、22、25、25X 公車（水坑尾站下車，步行約 5 分鐘）
- 06:30～20:00

檸檬車露
天然食材，少糖少脂肪

Best 1　　約 $ **29** 一球（$30 雙球）
⭐ ★★★★★
CP ★★★☆☆

去過義大利的朋友，都會愛上那天然味道、少糖少脂肪的義大利式冰淇淋（GELATO）。若你是 GELATO 的捧場客，來到澳門就一定要來檸檬車露！它的冰淇淋以天然材料為主，糖分和脂肪都很少，而且口味很多，招牌味道檸檬車露當然不能不試，其他如金莎巧克力、山莓乳酪、仙桃芒果、巧克力香檳橙、養樂多、彩虹口味等等，全都十分創新，色彩繽紛賣相誘人，令人看得眼花撩亂。

I DATA I
🏠 新馬路大堂巷 11 號地下
🚌 2、5、6A、7、16、28B 公車（南灣大馬路／時代站下車，步行約 5 分鐘）
⏰ 11:00 ～ 23:00

玩家帶路指南

口味創意多樣真材實料

義大利的冰淇淋「GELATO」是舉世知名的，它不像普通冰淇淋一樣，用大量的奶油和糖製成，而是選用新鮮的水果或其他材料，像巧克力、開心果等等。口味有很多種，每一種都充滿創意，有很多都是平時較難吃到的，像米、無花果，還有特別的檸檬味道，稱為「檸檬車露」。義大利的冰淇淋低糖低脂，全都是用真材實料去做，而非只把糖精和味道加進去，所以吃的時候能吃到果肉和纖維，清爽解渴又健康。

檸檬車露冰淇淋

味道多得令人眼花撩亂，難以選擇。個人認為必試的是帶著微微酸味的檸檬車露口味，吃時能清楚感受到檸檬的清香在口中四溢，清爽而毫不甜膩，而且還能吃到檸檬的果皮和果肉！味道特別的養樂多口味，採用的是活性乳酸飲品的味道，非常創新特別。而色彩繽紛、賣相誘人的彩虹味道，是女生的最愛，一絲絲甜甜的棉花糖味在口中融化，感覺極佳。亦推薦香檳巧克力橙味，幼滑的巧克力配上清新的鮮橙，味道一樣非常讚！

1

大三巴、板樟堂

潘榮記
用蛋黃製作的金錢餅

Best 1　　約 $ **81** 一盒，零售約 $10 起
⭐ ★★★★★
CP ★★★☆☆

減蛋金錢餅

單單看那金黃色的賣相，打開袋子聞到一陣陣餅香，已覺得很吸引了。把一塊放進口中，因為除去了蛋白的緣故，金錢餅的蛋味很香，再配上牛油味道，那香味更濃郁更難忘，而且口感很脆，難怪這麼受遊客和本地人歡迎了！

潘榮記最著名的美食就是金錢餅。金錢餅以麵粉、雞蛋、牛油製成金色的錢幣形狀，是一種懷舊的餅食。潘榮記的金錢餅以「減蛋」聞名，所謂減蛋，即是減去蛋白，只用蛋黃作材料，故此金錢餅也特別香脆。給大家一個小提醒，若總店的金錢餅已賣完了，也不用失望喔！試試去仁慈堂門前看看吧！在那裡一樣可以買到潘榮記好吃的金錢餅呢！

I DATA I
🏠 議事亭前地仁慈堂前攤檔
🚌 2、3、3A、3X、5、7、10、10A、11、18、21A、26A、33 公車（新馬路／大豐站下車，步行約 5 分鐘），或 3、4、6A、8A、18A、19、26A、33 公車（新馬路／永亨站下車，步行約 5 分鐘）
⏰ 13:00 ～ 18:00

大堂斜巷雞蛋仔
3 種澳門美食一次滿足

澳門的雞蛋仔攤檔不及香港多，款色變化也較少，但味道卻毫不遜色！例如這個位於大堂斜巷的無名雞蛋仔攤檔。已經營起碼十幾個年頭的它，相信是不少人的童年回憶。這裡還有一款在香港無法吃到，在澳門獨有的小吃，那就是香蕉糕了。想同時品嘗雞蛋仔、香蕉糕和夾餅 3 種聞名澳門的街頭美食？這裡便可以一次滿足你 3 個願望了。

| DATA |
- 大堂斜巷時代停車場門口
- 2、5、6A、7、16、28B 公車（南灣大馬路／時代站下車，步行約 1 分鐘）

Best 1 約 $10
🍴 ★★★★☆
CP ★★★☆☆

雞蛋仔

金黃色而飽滿的雞蛋仔，單單看賣相已十分吸引了，一咬下去，非常鬆軟，而且散發著一陣陣蛋漿的香味，令人愛不釋手地吃完一個又接一個！

香蕉糕

香蕉糕的製作方法和雞蛋仔差不多，但卻製成香蕉形狀，並加入了香蕉油，使其散發出絲絲香蕉香味，很有特色。來到澳門，一定要試試這種澳門獨有的小吃！

Best 2 約 $10
🍴 ★★★★☆
CP ★★★☆☆

Best 3 約 $10（加醬 $12）
🍴 ★★★★☆
CP ★★★☆☆

夾餅

這道美食就像歐洲的 WAFFLE 夾餅，烘得又鬆脆又香噴噴的夾餅裡夾著花生醬、牛油和砂糖等材料，4 者配合起來相當美味。在吃過的夾餅當中，即使加入的醬料可能只是大同小異，但始終覺得大堂斜巷這一檔配合得最為美味！

玩家帶路指南

最具代表的港澳
街頭小吃雞蛋仔

若說起最具代表的港澳街頭小吃，除了咖哩魚蛋以外，大家一定第一時間想到雞蛋仔！雞蛋仔是一種很簡單平凡的小吃，就是把麵粉漿倒在模子裡，用火烘烤，製作出像雞蛋形狀的小吃。

它是港澳飲食文化中的重要部分，深受市民大眾歡迎。有些店鋪除了雞蛋仔外，也會售賣夾餅。那是類似歐洲的窩夫，同樣用蛋漿製成，然後淋上牛油、花生醬、砂糖等，非常美味。而在澳門還能吃到這裡獨有的香蕉糕，香蕉形的糕餅不單有香蕉外型，還散發著陣陣香蕉油的香味呢！

潘威記
從攤檔小吃轉型為甜品店

　　現在售賣甜品糕餅的潘威記原本是一個燒臘攤檔，後來轉型為魚蛋小吃店，之後，老闆的兒子在外國學習製作甜品歸來後，它再搖身一變成為甜品店。它的多款甜點都大獲好評，如法式燉蛋、各式芝士（起司）餅、提拉米蘇、巧克力蛋糕等等，雖然不算便宜，但都是質素很高很好吃的！

| DATA |

🏠 水坑尾天神巷 41 號、美的路主教街 31D 號地下
🚌 2、2A、5、7、7A、8、9、9A、12、16、22、25、25X 公車（水坑尾站下車，步行約 3 分鐘）
　　美的路主教街店：2、2A、5、9、9A、12、16、22、25、25X、28C 公車（盧廉若公園站下車，步行約 5 分鐘）
🕙 10:00 ～ 19:30
休 週日

法式燉蛋

Best 1

約 $ **23**
🍴 ★★★★★
CP ★★★☆☆

　　吃完只有一句話：「驚為天人！」真的是令人欲罷不能！雞蛋香味濃郁，而且十分滑溜，配合鋪在上面的一層焦糖，放在口中，感到甜味一點點融化，那感覺簡直是超級享受！

藍莓芝士餅

Best 2

約 $ **29**
🍴 ★★★★☆
CP ★★★☆☆

　　藍莓的天然水果甜味，配上味道香濃的起司，味道配搭得很好，而且咬下去十分鬆軟，甚具水準，絲毫不比大酒店的 Buffet 甜點遜色！

焦糖布丁

Best 3

約 $ **13**
🍴 ★★★★☆
CP ★★★☆☆

　　這是一款葡式甜品，布丁充滿了雞蛋濃郁的香味和滑嫩的口感，把焦糖淋在上面，更添甜滋滋的感覺，非常好吃！

藍莓撻

Best 4

約 $ **29**
🍴 ★★★★☆
CP ★★★☆☆

　　有非常豐富，甚至差點溢出來的藍莓醬，用料十足，藍莓十分鮮甜可口，而且餅皮香脆而毫不油膩，是一道清新又美味的甜品！

餃餃鎮
百變餃子創新多樣

　　店如其名，餃餃鎮是一間專門售賣餃子的餐廳，他們賣的餃子多樣，煎的、炸的、蒸的、用湯煮的，而且他們的餃子款式也很創新，如甘筍水晶蝦餃、碧綠菠菜肉餃、雞肉冬菇餃、上湯韭菜餃、羅漢上素餃、沙爹雞肉餃、魚蓉餃等，更提供豆沙水晶包及上海小籠包等特色小吃，款式多樣，有的香脆，有的鮮味，有的以清淡為主，總有一款適合你的口味。

| DATA |

🏠 板樟堂仁安里（國華戲院旁的小巷）5A

🚌 2、2A、5、7、7A、8、9、9A、12、16、22、25、25X公車（水坑尾站下車，步行約5分鐘），或2、4、7、18A、19號公車（水坑尾／方圓廣場站下車，步行約5分鐘），或2A、7A、8、8A、9、9A、12、18、22、25號公車（水坑尾／公共行政大樓站下車，步行約5分鐘）

⏰ 12:00 ～ 22:00

 約 $ **26**(6顆)
★★★☆☆
CP ★★★☆☆
Best 1

 約 $ **30**
★★★★☆
CP ★★★☆☆
Best 2

 約 $ **15**(3個)
★★★★☆
CP ★★★☆☆
Best 3

沙嗲雞肉餃

　　這是在其他餃子店沒見過的，以沙嗲雞肉這種東南亞風味美食，搭配充滿中國色彩的餃子，非常特別創新。沙嗲味道香濃，餃子皮的口感也很好，香口卻不油膩。

魚蓉餃米線

　　米線也十分幼滑，口感很好，再搭配清淡的湯底，突顯了餃子的天然味道，很讚！

豆沙餅

　　單單看著那金黃色的誘人賣相，還有那撲鼻的香味，已令人垂涎三尺了。一口咬下去，餅皮做得十分酥脆，豆沙又滑又香，令人吃得滿足，大力推薦！

鮮蝦雲吞麵

　　每一粒雲吞都很豐滿，賣相十分吸引人，一咬下去，能夠吃到鮮甜的蝦肉和豐富的豬肉，用料十足，絕不比著名麵店的雲吞麵遜色！

 約 $ **29**
★★★★☆
CP ★★★☆☆
Best 4

雞肉餃米線

　　餡料不單有好吃的雞肉，更混合了一些蔬菜，吃起來口感爽爽的，十分特別。米線非常滑溜柔軟，浸了清湯分外好吃。

約 $ **29**
★★★★☆
CP ★★★☆☆
Best 5

PADDINGTON
特色格仔餅此中尋

格仔餅大家或許吃得多，但說到款式之多，這間來自馬來西亞的 PADDINGTON 絕對令人驚豔！不單有多款令人垂涎的甜格仔餅可挑選，更有充滿新奇的格仔餅漢堡，還有充滿特色的可麗餅！真的令人眼前一亮！充滿創意，令人驚喜！要試遍他們的格仔餅和可麗餅，只光顧一次是絕對不可能的喔！

| DATA |

🏠 柯傳善堂圍 11 號 A 地下（白馬行 Roxy 隔離巷直入）

🚌 2、2A、5、7、7A、8、9、9A、12、16、22、25、25X（水坑尾站下車，步行約 5 分鐘），或 2、4、7、18A、19 號公車（水坑尾／方圓廣場站下車，步行約 5 分鐘），或 2A、7A、8、8A、9、9A、12、18、22、25 號公車（水坑尾／公共行政大樓站下車，步行約 5 分鐘）

⏰ 週一～四：12:00 ～ 22:30，週五～六：12:00 ～ 24:00，週日：12:00 ～ 22:45

 Best 1 　圖片提供／Paddington House of Pancakes Macau

約 $ **76** 🍴 ★★★★☆　CP ★★★☆☆

尼斯可麗餅

這是一款很有風味的鹹味可麗餅，用料有烤雞扒、莫薩里拉芝士、煙肉、雜菌、鮮蝦及菠蘿，配上忌廉蘑菇汁，材料很足，口感豐富！

 Best 2 　圖片提供／Paddington House of Pancakes Macau

約 $ **82** 🍴 ★★★★★　CP ★★★☆☆

格仔餅漢堡

格仔餅和漢堡都很常吃到，但格仔餅漢堡這款新奇美食，相信吃過的人不多吧！材料是自製牛肉漢堡扒、芝士及牛油果等，值得嘗試！

 Best 3 　圖片提供／Paddington House of Pancakes Macau

約 $ **62** 🍴 ★★★★★　CP ★★★☆☆

抹茶可麗卷餅

單看賣相已覺得十分誘人！用料包括日本紅豆蓉，抹茶忌廉及冰淇淋，紅豆口感很好，抹茶味道香濃，再配上清新的冰淇淋，實在是滿分！

小上海
物美價廉的滬式小吃

因為食物物美價廉，即使隱沒在小巷子裡，仍不減小上海鍋貼的受歡迎程度。不論什麼時候去，總會看到那裡被一大群學生或遊客所圍著。提供的特色上海小吃有鍋貼、生煎包、蔥油餅等。雖然已漲了幾次價，但還是非常便宜。花上十幾元買些包子和鍋貼，便能吃得很滿足。

| DATA |

🏠 新馬路賣草地圍 3 號

🚌 2、3、3A、3X、5、7、10、10A、11、18、21A、26A、33 公車（新馬路／大豐站下車，步行約 5 分鐘）

⏰ 11:00 ～ 22:30

 Best 1 　約 $ **5**（3 個）

🍴 ★★★★☆　CP ★★★☆☆

鍋貼

鍋貼就像是煎的餃子，是上海的美食。小上海的鍋貼煎得很香，內餡的肉汁也很豐富，只是外皮略嫌厚了一點，而且比較油膩。

 Best 2 　約 $ **5**（2 個）

🍴 ★★★★☆　CP ★★★☆☆

生煎包

生煎包跟鍋貼製作方法差不多，跟鍋貼一樣煎得很香，餡料比鍋貼略多，皮薄餡多，但不像鍋貼那麼油膩，吃起來風味十足。

世記咖啡
復古懷舊的咖啡攤檔

世記是個歷史悠久的懷舊咖啡攤檔，在 1965 年開業，本來只在崗頂經營，但因為太受歡迎，所以在大三巴附近也新開了外賣店。來到這裡一定要試試他們用舊式風爐炭燒的多士，恐怕在澳門就只有世記一家了！除了多士以外，他們的祖傳祕方樽仔奶茶也是鎮店之寶喔！他們的外賣店在傳統的基礎上力求創新，售賣總店沒有的款式，像厚蛋多士、奶油方塊等，推薦一試！

I DATA I 總店
- 🏠 崗頂吉祥里地下（一區警察局對面）
- 🚌 2、3A、3X、5、7、10、10A、11、18、21A、26A、33 公車（新馬路／大豐站下車，步行約 5 分鐘），或 3、4、6A、8A、18A、19、26A、33 公車（新馬路／永亨站下車，步行約 3 分鐘）
- ⏰ 07:00 ～ 18:00 休 週六～日

I DATA I 外賣店
- 🏠 賣草地里 7-15 號長信大廈地下
- 🚌 2、3、3A、3X、5、7、10、10A、11、18、21A、26A、33（新馬路／大豐站下車，步行約 10 分鐘）
- ⏰ 11:00 ～ 19:00 休 週二

炭燒奶油多士（吐司）

Best 1　約 $ **13**
 ★★★★★
CP ★★★☆☆

多士大家吃得多，用古老風爐炭燒的多士又有沒有試過？因為是用炭燒的，不單更有風味，而且比用普通多士爐烘得更香脆，口感也更好！牛奶跟牛油非常搭，牛油香中帶著甜滋滋的味道，非常好吃！

厚蛋多士

Best 2　約 $ **18**
 ★★★★☆
CP ★★★☆☆

厚蛋多士只有在外賣店有售，是世記推出的新口味。厚厚的多士，煎得金黃色且分量十足的蛋，搭配起來很香，很值得嘗試。

樽仔奶茶

Best 3　約 $ **17**
 ★★★★☆
CP ★★★☆☆

世記的樽仔奶茶是用祖傳祕方炮製，分外香滑，甜度適中，茶和奶的味道都很濃郁，非常好喝！

奶油方塊

Best 4　約 $ **22**
 ★★★★★
CP ★★★☆☆

這是賣草地分店的限定款式，把厚厚的牛油多士砌成小方塊，然後淋上煉奶，又香又脆又可口，一塊塊放進口中滋味無窮，實在令人愛不釋手！大力推薦！

番茄屋葡式美食
經典與創意兼具的料理

番茄屋是個人十分推薦的一間餐廳，他們有兩大賣點！首先，他們有很多創新、在其他葡國餐廳沒有的料理，例如咖哩崩砂牛腩和阿里巴巴雞扒都是必吃的！還供應很多經典葡菜，像薯絲馬介休、葡式燒牛肋骨、葡式燒豬頸肉、紅酒逼牛尾等等。另外，他們的價位比一般葡國餐廳為低。一個葡式的飯約 $30 ～ 40，其他菜式大多在 $50 ～ 60，而且還提供各式優惠套餐，價錢便宜，食物水準又高，是一間 CP 值很高的店。

| DATA |
- 🏠 總店：連安後巷富安大廈 4 及 6 號（哪吒古廟附近）
  分店：柯利維喇街 6A 號金興大廈地下
- 🚌 2、3、3A、3X、5、7、10、10A、11、18、21A、26A、33 公車（新馬路／大豐站下車，步行約 5 分鐘），或 3、4、6A、8A、18A、19、26A、33 公車（新馬路／永亨站下車，步行約 5 分鐘）
- ⏰ 11:30 ～ 22:00　🈺 週二

2 ～ 3 人優惠套餐　約 $198

包括：葡式咖哩崩砂牛腩（配豬仔包）、阿里巴巴雞扒、白飯 1 份、蒜蓉包 1 份、薯蓉餅 2 份

🍴 ★★★★★
CP ★★★★☆

葡式咖哩崩砂牛腩（配豬仔包）

這是來番茄屋不能不吃的料理！看似平凡的咖哩汁，其實是用了 32 種配料，花了十多小時熬製而成，所以味道比一般咖哩香濃，把豬仔包沾滿咖哩汁，放進口裡香氣四溢，令人印象難忘。牛腩方面，採用的是崩砂牛腩，肉質柔軟，配合醬汁十分入味，絕對是非吃不可！

Best 2　🍴 ★★★★★
CP ★★★★☆

阿里巴巴雞扒

這道菜的靈魂在於以紅蘿蔔、芝士（起司）、香草、肉醬等豐富材料特製而成的醬汁。因為加入了椰絲，口感更為特別，而且雞扒肉質柔嫩，分量又足，非常好吃！

Best 3　🍴 ★★★★☆
CP ★★★☆☆

蒜蓉包

麵包烤得非常香脆，蒜蓉味度適中，熱烘烘時吃十分美味。

Best 4　🍴 ★★★★☆
CP ★★★☆☆

薯蓉餅

很有特色的一道甜品，薯蓉口感香滑，不會太甜，味道不錯。

2 新馬路、營地大街

若想感受澳門的歐陸情懷，一定不可以錯過議事亭前地一帶，在這一區走著，穿梭在充滿葡國風情的建築物當中，真的令人以為置身在歐洲的廣場之中呢！

LARGO
DO
SENADO

議事亭前地

玩家 散步路線

典當業展示館（約3分鐘）→ 議事亭前地、民政總署大樓、澳門商務旅遊中心及仁慈堂大樓（約2分鐘）→ 三街會館（約5分鐘）→ 大三巴及板樟堂區

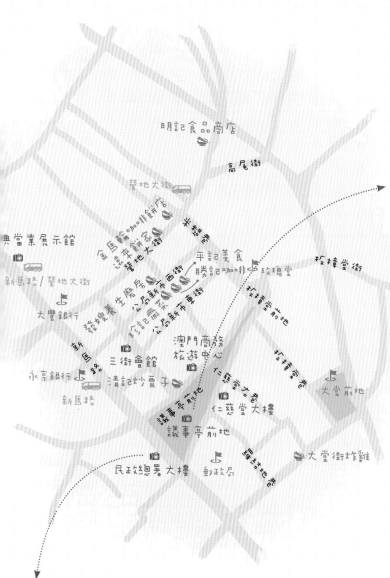

明記食品商店

高尾街

營地大街

典當業展示館

新馬路／營地大街

大豐銀行

半樓梯街

平記美食

勝記咖啡 玫瑰堂

柯樟堂街

澳門商務旅遊中心

三街會館

永亨銀行

清記炒栗子

新馬路

大堂前地

仁慈堂大樓

議事亭前地

民政總署大樓

郵政局

大堂街炸雞

議事亭前地
吃喝玩樂的中心點

在行人專用區未設立前，這裡已有一個很大的噴水池，因此澳門人都稱這地方為「噴水池」。這裡不單店鋪林立，是血拼愛好者的天堂，兩側建築也充滿歐陸特色，黑白碎石波浪形圖案的地面也很有風情，互相襯托之下，構成一幅絕美的畫面，是拍照的最佳地點。這裡遊人眾多，即使在平日也非常熱鬧，不過也是扒手的犯案熱點，遊玩時要注意財物。附近有不少餐廳，更鄰近經濟實惠的營地大街熟食中心，集吃喝玩樂於一身。

| DATA |

2、3、3A、3X、5、7、10、10A、11、18、21A、26A、33公車（新馬路／大豐站下車，步行約5分鐘），或3、4、8A、18A、19、26A、33公車（新馬路／永亨站下車，步行約1分鐘）

民政總署大樓
濃厚的南歐古典風情

在1784年建成，在澳葡時代為市政廳，曾經過多次重修，具有濃厚的南歐建築藝術特色，是澳門的地標之一。當中最受遊客歡迎的是位於地下的花園，雅緻美麗，是拍照的好地點。喜歡閱讀的朋友，也可以到2樓的圖書館看書，在具有濃厚古典氣息的裝潢和陳設的環境中閱讀，分外充滿風情。

| DATA |

2、3、3A、3X、5、7、10、10A、11、18、21A、26A、33公車（新馬路／大豐站下車，步行約5分鐘），或3、4、8A、18A、19、26A、33公車（新馬路／永亨站下車，步行約1分鐘） 09:00～21:00（公眾假期如常開放） 免費

典當業展示館 Ⓐ
有如穿越時空的傳統陳設

　　典當業在昔日社會曾興盛一時，現在雖然還可以在賭場附近見到不少當鋪，但已不是從前傳統的那種了。若想緬懷一下，很推薦到這家典當業展示館看看。這裡仍保留著傳統的陳設和典當業用品，身處其中，會令人有種穿梭時空的感覺。

| DATA |

🏠 澳門新馬路 396 號 🚌 2、3、3A、3X、5、7、10、10A、11、18、21A、26A、33 公車（新馬路／大豐站下車，步行約 3 分鐘）⏰ 10:30～19:00 🈺 每月第一個週一 💲 $5

澳門商務旅遊中心 Ⓑ
提供旅客免費服務

　　為旅客提供各種旅遊資料，可以免費索取地圖及介紹景點的小冊子。

| DATA |

🏠 澳門議事亭前地利斯大廈 🚌 2、3、3A、3X、5、7、10、10A、11、18、21A、26A、33 公車（新馬路／大豐站下車，步行約 5 分鐘），或 3、4、8A、18A、19、26A、33 公車（新馬路／永亨站下車，步行約 3 分鐘）⏰ 09:00～18:00

在這裡可找到有用的旅遊資訊

仁慈堂大樓 Ⓒ
優雅的新古典主義建築

　　仁慈堂是澳門的慈善機構，在 1569 年由澳門首任主教賈尼路創立，之後創辦了多家機構，如白馬行醫院、痲瘋院、老人院等。仁慈堂大樓充滿了新古典主義建築風格是議事亭前地最優雅最引人注目的建築之一。旁邊的一條小巷的夜景更是如詩如畫，吸引了很多遊人拍照留念。

| DATA |

🚌 2、3、3A、3X、5、7、10、10A、11、18、21A、26A、33 公車（新馬路／大豐站下車，步行約 5 分鐘），或 3、4、8A、18A、19、26A、33 公車（新馬路／永亨站下車，步行約 1 分鐘）⏰ 10:00～13:00，14:00～17:30

三街會館（關帝廟）Ⓓ
體驗澳門宗教文化

　　三街會館的所在地是昔日澳門最繁榮的市區，會館起初只是商人議事的地方，但因為館中設有的關帝廟及財帛星君殿參拜者眾多，所以後來廟宇也成為了其主要功能。

| DATA |

🚌 2、3、3A、3X、5、7、10、10A、11、18、21A、26A、33 公車（新馬路／大豐站下車，步行約 5 分鐘），或 3、4、8A、18A、19、26A、33 公車（新馬路／永亨站下車，步行約 5 分鐘）⏰ 08:00～18:00

勝記咖啡
懷舊風味的瓦煲咖啡

Best 1

約 $ **10**

★★★★★
CP ★★★★☆

在營地街市的熟食中心當中，勝記咖啡是知名度最高的其中一間，很多媒體都曾介紹過。光顧勝記時，你會發現擺放著兩個瓦煲，沒錯！這就是他們的鎮店之寶和致勝之道了！勝記的咖啡，都是用最傳統懷舊的方式——用瓦煲煮成的喔！在這個科技進步，事事都講求先進和速度的社會裡，能保留著這種傳統方式去沖製咖啡，真的不容易！以跟一般茶餐廳差不多的價錢，就能喝到一杯又有懷舊風情又香濃的咖啡，真的是物有所值呢！

| DATA |

🏠 新馬路營地街市綜合大樓 3 樓

🚌 2、3、3A、3X、5、7、10、10A、11、18、21A、26A、33 公車（新馬路／大豐站下車，步行約 5 分鐘）

⏰ 07:30 ～ 18:00

瓦煲咖啡

用瓦煲的咖啡香味特別濃郁，口感幼滑，充滿風味和特色，而且價錢不貴，值得一試！

齋味拼盤

拼盤有齋春卷、酸甜麵筋、滷水麵筋等等，用料豐富，全部都是素食，不怕肥膩，配上帶點辣味的醬汁，更是美味。

Best 1

約 $ **23**

★★★☆☆
CP ★★★☆☆

珍記齋菜
兼具平價風味的甜酸齋

在營地街市 3 樓的熟食中心裡，除了廣被報導的平記和勝記咖啡以外，較少被報導的珍記齋菜同樣值得嘗試。在澳門想吃風味十足的甜酸齋，需要光顧一些素菜餐館，價錢也當然較貴。想便宜一點的，珍記是個不錯的選擇，他們有很多款齋菜提供，如齋鮑魚、齋春卷、齋叉燒、齋咖哩雞、香腸、魚蛋、豬皮等，若覺得眼花撩亂，不知從何吃起，也可以試試他們的齋味拼盤，就可以一次嘗試幾款口味了。

| DATA |

🏠 新馬路營地街市綜合大樓 3 樓

🚌 2、3、3A、3X、5、7、10、10A、11、18、21A、26A、33 公車（新馬路／大豐站下車，步行約 5 分鐘）

⏰ 07:30 ～ 18:00

明記食品商店
著名的碟仔糕老店

| DATA |

🏠 營地大街 14 號地下

🚌 2、3、3A、3X、5、7、10、10A、11、18、21A、26A、33 公車（新馬路／大豐站下車，步行約 5 分鐘），或 18 公車（營地大街站下車，步行約 1 分鐘）

⏰ 13:00 ～ 23:30

明記食品商店也是澳門著名的老店，售賣的食物很簡單，就是碟仔糕。千萬別把碟仔糕和砵仔糕搞亂喔！碟仔糕是用小碟作模子做出來，體積也比用砵仔作模子的砵仔糕較小。明記的碟仔糕有三種口味——椰汁、馬豆和巧克力。光顧時剛好看到伯伯把碟仔糕從古舊的碟子模子倒出來，感覺就跟吃砵仔糕一樣，充滿懷舊風情。

各式碟仔糕

椰汁清甜，馬豆口感特別，巧克力味香濃，各有美味之處，但三者都有一個共通點，就是十分滑溜，放在口裡有種融化的感覺，且甜度適中，味道清新，非常值得推薦！

Best 1

約 $ **4**

★★★★☆
CP ★★★☆☆

平記美食
具代表性的傳統煲仔飯

約 $28 🥢 ★★★★★
CP ★★★★★

窩蛋牛肉煲仔飯

平記的煲仔飯價格，在澳門的同類餐廳中是較便宜的，一個才 $28 元。窩蛋牛肉飯是把生蛋淋在牛肉餅上，飯的熱力會把生蛋煮到剛剛熟，十分嫩滑。平記的飯煮得熱辣辣又香噴噴，單單聞到香味已十分誘人了，再加上牛肉肉餅非常鮮味，配合起來更加美味，價廉物美值得嘗試！

在澳門能吃到煲仔飯的地方不算很多，對比起補之林，平記的價錢明顯較相宜，但其美味程度卻絲毫不會遜色！因為價廉物美，一直都很受本地人和遊客歡迎，他們提供最具代表性的傳統煲仔飯，如窩蛋牛肉飯、田雞飯、臘味飯、黃鱔飯、鳳爪排骨飯等等。營地街市熟食中心裡有兩間平記，一間賣煲仔飯，另一間售賣粉麵，如乾炒牛河、雞絲撈麵，還有炸雲吞、豬紅菜等小吃。兩個攤檔距離不遠，各有特色。

| DATA |

🏠 新馬路營地街市綜合大樓 3 樓
🚌 2、3、3A、3X、5、7、10、10A、11、18、21A、26A、33 公車（新馬路／大豐站下車，步行約 5 分鐘）
⏰ 07:30 ～ 18:00

道地煲仔飯怎麼吃？

你或許會覺得，吃煲仔飯不就是把飯吃下去便行了嗎？當然不會這麼簡單了！要吃盡煲仔飯的每分精髓是有竅門的喔！這裡以窩蛋牛肉煲仔飯為例子，介紹煲仔飯的王道吃法！

熱騰騰的煲仔飯出場啦！

把煲鍋的蓋子打開時要小心一點，整個煲鍋都很高溫，要小心別燙傷手喔！

約 $29
🥢 ★★★★☆
CP ★★★☆☆

乾炒牛河

乾炒牛河是廣東菜式的一種，以芽菜、河粉、牛肉炒成，別看它看來簡單，要炒一碟好吃的乾炒牛河，是非常講究功夫的喔！平記的乾炒牛河很夠「鑊氣」，所以吃起來特別香，而且用的芽菜比其他餐廳多，所以吃起來很爽口，更重要的是不會油膩，可見廚師的功力深厚。

3 看樣子很誘人吧！不過還不能吃唷！還需要動點小手腳呢！

4 首先把窩蛋攪勻，讓它滲進飯粒裡，一來可利用飯粒的熱力把蛋弄熟，二來可以令飯粒增添蛋香味和幼滑感。

5 接著，把肉餅弄碎攪拌。

6 終於到了最關鍵的一步了！在吃光所有飯後，你會發現有一層飯粒黏在煲鍋裡。

7 這些飯粒，廣東人稱為「飯焦」，是煲仔飯最好吃的部分，又脆又香，絕對不可錯過！

8 和同伴玩個遊戲吧！比賽一下誰能把更多飯焦刮出來。這可是不容易的，有時要用盡九牛二虎之力呢！

9 把這些飯焦吃進肚裡，才算把煲仔飯的每分精髓吃盡！

清記炒栗子
可遇不可求的懷舊小吃

清記是另一個講求緣分才能光顧的攤檔，它在我很小的時候已經存在，已有很多年歷史的。這些售賣懷舊小吃，又具有相當歷史的攤檔，多數的營業時間都較浮動，所以，若你路過時發現它有營業，就抓緊機會買來試試，別再等第二天了！因為稍一遲疑，就可能沒有機會再碰上了！

| DATA |

🏠 議事亭前地附近，公局新市南街街口的攤檔

🚌 3、4、8A、18A、19、26A、33 公車（新馬路／永亨站下車，步行約 3 分鐘），或 2、3、3A、3X、5、7、10、10A、11、18、21A、26A、33 公車（新馬路／大豐站下車，步行約 5 分鐘）

炒栗子

栗子炒得很香！雖然剝殼有點麻煩，吃得有點狼狽，但當把金黃色的栗子放進口裡，嘗到那一陣天然的甘甜時，多麻煩也是值得的！

Best 1

分為約 $15、約 $25、約 $50 三種，$15 有 17～18 粒，足夠兩人食用

🍴 ★★★★☆
CP ★★★☆☆

發嫂養生磨房
手工製作，真材實料

喜歡甜食但又怕胖的朋友要留意了！澳門有一家採用真材實料製造，出品的糕點糖水都是以少甜為主的食店，它就是發嫂養生磨房。他們出品很多特色糕點，如芝麻糕、杏仁糕、桂花糕、馬蹄糕等，糖水有很多款式——芝麻糊、杏仁糊、還有在很多地方都吃不到，特別的淮山糊！看著也令人眼花撩亂，不知吃哪一種好！他們的所有糊類糖水都是現場在店裡用石磨磨出來的，真材實料。而糕點也不會太甜，味道天然，能吃出材料的鮮味，有益健康，

這是個人評價非常高的一間食店，誠意推薦給喜歡甜食的朋友。

| DATA |

🏠 公局新市西街 18-18A

🚌 2、3、3A、3X、5、7、10、10A、11、18、21A、26A、33 公車（新馬路／大豐站下車，步行約 5 分鐘）

🏠 新橋義字街 41 號

🚌 8、8A 公車（渡船街／婦聯站下車，步行約 5 分鐘）

⏰ 09:00 ～ 21:30

Best 1 約 $5
🍴 ★★★★★
CP ★★★☆☆

芝麻杏仁糕

磨得滑溜的芝麻，配合上清香的杏仁，口感一流，而且能一口氣能吃到兩種口味，非常滿足。

 約 $ **5**

 約 $ **5**

 約 $ **5**

芝麻糕

口感雖不及芝麻杏仁糕幼滑，但能吃得到一粒粒的芝麻，又香濃又好吃。

杏仁糕

杏仁味天然濃郁，清香滑溜，實在是一絕！

杞子桂花糕

桂花味非常清香，甜度適中，不會被甜味掩蓋，吃著又有口感，能吃到一片片的桂花，大力推薦！

 約 $ **15**

 約 $ **13**

 約 $ **13**

淮山糊

這是在其他家店較少見到的。淮山味道很濃，味道獨特，適合想作新嘗試的朋友。

芝麻糊

芝麻香味特濃，因為是石磨的關係，口感特別好，這是發嫂的招牌糖水之一，值得推薦。

杏仁糊

這是除了芝麻糊外，個人最喜歡的發嫂糖水，杏仁味特別香，甜味較低，是很健康的糖水，可以放心地吃。

金馬輪咖啡餅店
主打招牌巨型豬扒包

金馬輪是一間已有 30 年歷史的咖啡餅店，因為設有自家餅房，麵包西餅都是新鮮烘製。豬扒包是他們的招牌主打美食。除了豬扒包以外，他們售賣的傳統糕餅也很吸引，像馬豆糕、椰汁糕、巧克力糕、水晶蛋糕、大菜糕等，全都很值得一試。

| DATA |
- 🏠 澳門營地大街 50 號地下
- 🚌 2、3、3A、3X、5、7、10、10A、11、18、21A、26A、33 公車（新馬路／大豐站下車，步行約 5 分鐘），或 18 公車（營地大街站下車，步行約 1 分鐘）
- ⏰ 07:00 ～ 18:30

Best 1 約 $ **21**
🍴 ★★★★☆
CP ★★★☆☆

豬扒包

價錢比玫瑰的略貴，和玫瑰的最大不同之處：第一，豬扒較厚，而且有骨，不過煎得很香，還沒吃進口裡已被那陣陣香氣吸引了；第二，麵包採取較柔軟的麵包。若要比較這兩間的豬扒包，金馬輪的豬扒口感較好，玫瑰的麵包烘得外脆內軟，各有千秋，都是價廉物美，大力推薦！

Best 2 約 $ **6**
🍴 ★★★★☆
CP ★★★☆☆

水晶蛋糕

最表面是一層像水晶般晶瑩剔透的果凍，中間夾著軟綿綿的綿花糖，最底層是烘得鬆軟的蛋糕，一咬下去，三種口感和味道混在一起，非常特別，推薦一試！

遠來餅家
澳門人的集體回憶

若跟一些老居民提起遠來餅家，相信都會勾起不少美好的回憶。遠來是一間有多年歷史的老字號，原本是一間茶樓，跟冠男一樣，同樣是盛極一時。可是後來隨着茶樓一間間結業了，遠來也轉型成為了一間餅家。除了一年一度販售的月餅最為著名之外，還會販售端午節的粽子，以及各式各樣的中式糕餅，種類很多元化，而且許多人都會指定到這裡購買嫁女餅呢！可見這間餅家在澳門人心中的重要地位！

| DATA |
- 🏠 新馬路營地大街 52 號
- 🚌 2、3、3A、3X、5、7、10、10A、11、18、21A、26A、33 公車（新馬路／大豐站下車，步行約 3 分鐘）
- ⏰ 08:00 ～ 19:00

Best 1 約 $ **16**
🍴 ★★★★☆
CP ★★★☆☆

加蛋餅

以麵粉和雞蛋製成，看起來簡單，但咬下去卻充滿了的軟硬適中的口感，感覺就像介於曲奇餅和蛋糕之間，還有濃厚的蛋香味，這就是澳門特產之一的加蛋餅，在很多澳門的中式餅店都能買到，是一種簡單但很有風味的糕餅！

Best 2 約 $ **16**
🍴 ★★★★☆
CP ★★★☆☆

迷你雞仔餅

在廣東話裡，迷你即是小的意思，遠來的迷你雞仔餅，比一般雞仔餅體積較小，但肥膩度降低了，也較容易入口。別以為雞仔餅是用雞肉製成的，其實它的主要材料是豬肉，只因為傳說它是一位叫小鳳的婢女發明的，人們都稱「雞」為「鳳」，在廣東話裡，「仔」又是小的意思，所以就叫「雞仔餅」了。這款糕餅鹹鹹香香，因為是用肥豬肉做成，有一點肥膩，少吃更有滋味，吃完後口裡會滿溢着一陣香味，令人久久回味不已。

大堂街炸雞
有口碑的澳門限定炸雞

說起炸雞，大家可能立即想到在很多地方都有的某連鎖店，但今次向大家介紹的，卻是一間別有風味，口碑不錯的澳門限定炸雞，那就是大堂街的祕方炸雞。用上的是專門的調味料，售賣的有炸雞翼（雞翅膀）、雞脾（雞腿）、雞塊及原隻炸雞，全都是用祕方製作，風味十足。最特別之處在於套餐還可以選擇配合涼茶，讓客人在吃完較熱氣的炸雞後，用涼茶中和一下，而且還提供即棄手套，方便客人享用炸雞，可謂十分貼心。

| DATA |
🏠 新馬路大堂街 14 號 A、B 舖地下
🚌 3、4、6A、8A、18A、19、26A、33 公車（新馬路／永亨站下車，步行約 5 分鐘）

炸雞翼套餐
包括：炸雞翼 1 隻、炸連皮薯條 1 包、涼茶 1 杯

炸雞翼分量十足，金黃色的賣相十分誘人，還沒開始吃之前就能聞到陣陣香氣。雞翼炸得非常酥脆，熱辣辣又香噴噴，帶著微辣的味道，加上祕方調味料，香味濃郁，非常好吃！接著是連皮的薯條，一般薯條都是去皮的，大堂街炸雞的卻是連皮食用，口感特別，而且別有風味，1 包 $10 的薯條分量也很足，點上一份套餐，已足夠兩個人當作下午茶享用。吃完較熱氣的雞翼和薯條後，喝一杯店家貼心提供的五花涼茶，清新潤喉，熱氣全消，為這頓美味的下午茶餐畫上完美句號。

Best 1　約 $ **44**　🍴 ★★★★★
CP ★★★☆☆

玩家帶路指南

清熱治病佳品——廣東涼茶

以前的孩子最怕聽到的，就是要喝媽媽煲的「廿四味」，相信現在跟一些老一輩的居民提起，大家都會有「心有餘悸」的集體回憶。這人見人怕的「廿四味」到底是什麼呢？其實這是廣東很著名的一種涼茶，味道很苦，但對健康有益。涼茶是廣東很流行的一種飲料，以各種不同的草藥組合而成，很多都有消暑解渴，清熱去濕的功效。最著名的「廿四味」，就是由多種藥材熬成的涼茶，有的藥店會採用 24 種藥材，有的甚至會「加料」，有 28 款藥材之多呢！以前澳門社會貧窮，勞苦大眾病了沒錢去看醫生，便會喝這「廿四味」來治病了。除了著名的廿四味以外，還有五花茶、夏枯草、夏桑菊、火麻仁、竹蔗茅根水等等，都是很受歡迎的涼茶。在澳門很多地方都有「涼茶舖」，即是專門賣涼茶的店舖，例如著名的「大聲公涼茶」、「海清純涼茶」等等。吃了一些熱氣的食物，最適合喝一杯清潤的涼茶消熱一下了！

崗頂、福隆新街

福隆新街一帶是澳門的舊城區,在這裡你可以體驗繁華背後返璞歸真的老澳門風情,仍保留著昔日風貌的街道,還有親切友善的老店家,令人彷彿穿梭時光隧道,回到幾十年前一樣。

玩家 👣 散步路線

崗頂前地、何東圖書館大樓、聖奧斯定教堂及崗頂劇院(約5分鐘)→福隆新街及新華大旅店→(約5分鐘)→新馬路及營地大街區

福隆新街
昔日的紅窗門景象

　　這裡在昔日曾是紅燈區，美麗的姑娘會站在紅色的窗戶邊招徠客人。因為受到政府的文物保護，到了今日仍能保持著從前的風貌，古色古香，街道兩旁餐廳食店和伴手禮店林立，是一條很有風情又熱鬧的小街道。因為這裡每家每戶的窗門都是紅色，所以這一區又稱為「紅窗門」。

| DATA |

🚌 2、3、3A、3X、5、7、10、10A、11、18、21A、26A、33公車（新馬路／大豐站下車，步行約5分鐘），或2、3A、5、7、10、10A、11、21A公車（金碧文娛中心站下車，步行約5分鐘）

崗頂前地
葡風歐陸建築群

　　古時被稱為磨盤山，環境非常清幽雅緻，雲集了多幢精緻的建築，如聖奧斯定教堂、崗頂劇院、聖若瑟修院、何東圖書館等，地上是傳統的葡式設計，由碎石鋪成的波浪圖案路面，充滿了葡國的歐陸特色風情。

| DATA |

🚌 2、3、3A、3X、5、7、10、10A、11、18、21A、26A、33公車（新馬路／大豐站下車，步行約10分鐘），或2、3A、5、7、10、10A、11、21A公車（金碧文娛中心站下車，步行約10分鐘）

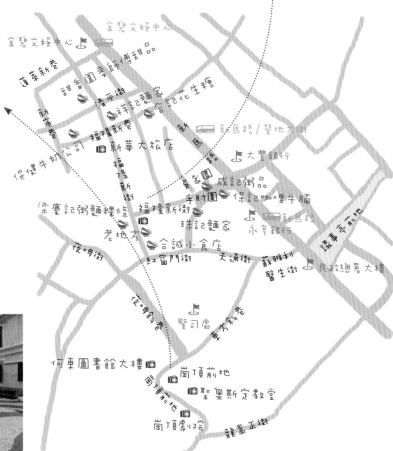

何東圖書館大樓
前身為優美的避暑別墅

在 1894 年，即是在清朝光緒年間建成，原本主人是官也夫人，後來富商何東爵士將其購入作為避暑別墅，逝世後贈予澳門政府並成為公共圖書館，一直深受市民歡迎。除了充滿書香文化氣息外，其主建築物和花園亦十分優美，值得細意欣賞。

| DATA |

🚌 2、3、3A、3X、5、7、10、10A、11、18、21A、26A、33 公車（新馬路／大豐站下車，步行約 10 分鐘），或 2、3A、5、7、10、10A、11、21A 公車（金碧文娛中心站下車，步行約 10 分鐘）

🕐 週一～六 10:00 ～ 19:00，週日 11:00 ～ 19:00

聖奧斯定教堂 Ⓑ
西班牙風格的龍鬚廟

由西班牙奧斯定修士創建，因此被稱為聖奧斯定教堂。因為教士們用蒲葵葉覆蓋屋頂，蒲葵葉在風雨中飄揚時狀似龍鬚豎起，因此教堂又被稱為「龍鬚廟」。

| DATA |

🚌 2、3、3A、3X、5、7、10、10A、11、18、21A、26A、33 公車（新馬路／大豐站下車，步行約 10 分鐘），或 2、3A、5、7、10、10A、11、21A 公車（金碧文娛中心站下車，步行約 10 分鐘）

🕐 10:00 ～ 18:00

崗頂劇院 Ⓒ
中國第一間西式劇院

原本稱為伯多祿五世劇院，於 1860 年興建，其正立面充滿了新古典主義風格。是中國第一間西式劇院，除了表演戲劇及音樂會場地之用外，還是葡人舉行重要活動的地方。

| DATA |

🚌 2、3、3A、3X、5、7、10、10A、11、18、21A、26A、33 公車（新馬路／大豐站下車，步行約 10 分鐘），或 2、3A、5、7、10、10A、11、21A 公車（金碧文娛中心站下車，步行約 10 分鐘）

🕐 10:00 ～ 18:00 🚫 週二

新華大旅店 Ⓓ
享譽國際的電影取景地

這是間非常古樸和別具風情的旅店，因為兩部大受歡迎的電影《2046》和《伊沙貝拉》曾在這裡取景而聲名大噪。雖然陳設簡單，設施也不先進，但每件家具都歷史悠久，住在當中就彷彿進入時光隧道。

| DATA |

🚌 2、3、3A、3X、5、7、10、10A、11、18、21A、26A、33 公車（新馬路／大豐站下車，步行約 5 分鐘），或 2、3A、5、7、10、10A、11、21A 公車（金碧文娛中心站下車，步行約 3 分鐘）

老地方
價格親民的葡式美食

老地方由土生葡人經營，位置就在很受旅客歡迎的福隆新街，售賣的都是很有特色的葡式美食，包括小吃，如蝦多士、馬介休球、免治炸包、蛋黃糖、還有甜品糕點，如餅乾蛋糕、香蕉巧克力蛋糕、香橙蛋糕、雲石蛋糕等，更有各種意大利粉和飯類，如免治飯、咖哩飯、葡腸燴意粉等，也售賣充滿風味的葡國風腸，菜色多樣，而且有特色又好吃！論

價錢並不算低，但卻比葡國餐廳便宜，很適合不想光顧昂貴的餐廳，但又想認識葡國飲食文化的朋友。

▌DATA▐
🏠 福隆新街 10 號
🚌 2、3、3A、3X、5、7、10、10A、11、18、21A、26A、33 公 車（新馬路／大豐站下車，步行約 5 分鐘）；或 3、4、8A、18A、19、26A、33 公車（新馬路／永亨站下車，步行約 5 分鐘）
⏰ 12:00 ～ 20:00

餅乾蛋糕

Best 1
約 $ **41**
★★★★☆
CP ★★☆☆☆

餅乾蛋糕到底是餅乾還是蛋糕？其實很簡單，這就是在表面上鋪滿餅乾碎的蛋糕啦！味道就像木糠布丁，充滿濃郁的提拉米蘇味道，十分香滑好吃，不過價錢略嫌有點貴。

蝦多士

Best 2
約 $ **18** (2個)
★★★★☆
CP ★★☆☆☆

蝦多士是以蝦肉和免治豬肉作為餡料的炸多士。老地方的蝦多士外皮鬆脆，餡料有蝦肉和豬肉，搭配起來非常好吃，只是會油膩一點，少吃無妨，吃多就不健康了。

免治炸包

Best 3
約 $ **14** (2個)
★★★★☆
CP ★★☆☆☆

雖然分量不多，但麵包炸得鬆脆又可口，作為餡料的免治豬肉（即碎肉）味道香濃，配合麵包感覺十分特別，是很有葡國風味的一道小吃。

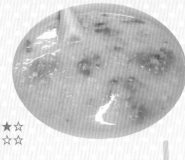

合誠小食店
主推魚製粥品的招牌菜式

　　合誠是一間不起眼的老店，店鋪面積很小，裝潢也不華麗，可是，這裡的粥和芝麻糊都非常美味！在這裡，你可以感受到福隆新街的古樸風情，實在是一份特別體驗。而且老闆娘十分熱情有禮，我們本來只點了魚蓉粥，但她推薦我們也試試他們自製的肉丸，建議加點生菜會更好吃，在臨走時還跟我們說再見，令人感到老店的濃厚人情味。

| DATA |

🏠 福隆新街 2 號
🚌 2、3、3A、3X、5、7、10、10A、11、18、21A、26A、33 公車（新馬路／大豐站下車，步行約 5 分鐘），或 3、4、8A、18A、19、26A、33 公車（新馬路／永亨站下車，步行約 5 分鐘）
⏰ 06:30 ～ 21:00

約 $ **25**
🥣 ★★★★☆
CP ★★★☆☆

魚蓉肉丸粥

　　所有魚製的粥品都是合誠的招牌菜式，有不同的配搭，如魚蓉肉碎粥、魚蓉粉腸粥等。這一道魚蓉肉丸粥裡充滿了魚肉的鮮甜，魚肉都已去骨並切碎，非常容易入口。肉丸是合誠自家打製，肉質細嫩幼滑，口感很好，而且充滿豬肉的鮮美，一碗粥裡無論魚肉還是肉丸都是用料十足！

梁慶記粥麵粿條
多達 30 款的魚製粥品

　　梁慶記最著名的是魚製的粥品，有多款口味，像魚嘴、魚骨、魚腩等，可配合其他材料，如豬腰、粉腸等，變化出二、三十多款粥品，令人眼花撩亂。還有各式的貴刁和米粉，另外還有一些特別的小吃像鯨魚皮等。他們的魚出名鮮甜美味，不單是嗜魚朋友的最愛，即使你不愛魚，吃過後也說不定會被它吸引呢！

| DATA |
🏠 福隆新街 21 號
🚌 2、3、3A、3X、5、7、10、10A、11、18、21A、26A、33 公車（新馬路／大豐站下車，步行約 5 分鐘），或 3、4、8A、18A、19、26A、33 公車（新馬路／永亨站下車，步行約 5 分鐘）
⏰ 07:30 ～ 14:00，20:00 ～ 01：00

約 $ **33**
🥣 ★★★★☆
CP ★★★☆☆

魚嘴粥

　　這款粥品並不是每間店都有賣的，這可是梁慶記的招牌菜！一碗粥裡有分量很大的魚嘴。魚嘴是一條魚最滑溜的地方，雖然骨多於肉，但是每一塊骨頭都帶著魚皮和魚肉，口感滑溜之極。為了去除腥味，老闆放進了大量的芫茜和葱，果然吃下去沒半點腥味，就只剩下魚的鮮甜味道。

祥記麵家
根根皆辛苦的竹升麵

祥記是一間客似雲來的食店，客人來到必定會點他們最著名的蝦子竹升麵。因為製作竹升麵的過程非常辛苦，現在提供這種食品的店鋪已不多了。祥記的竹升麵曾被香港知名食家介紹，在澳門很有知名度，也是大家來到福隆新街必定一試的美食！

| DATA |
🏠 福隆新街 68 號地下
🚌 2、3、3A、3X、5、7、10、10A、11、18、21A、26A、33 公車（新馬路／大豐站下車，步行約 5 分鐘），或 2、3A、5、7、10、10A、11、21A 公車（金碧文娛中心站下車，步行約 5 分鐘）
🕐 12:00 ～ 01:00

Best 1

約 $ **30**
🍴 ★★★★★
CP ★★★☆☆

招牌蝦子撈麵

祥記的麵是以竹升打造，所以吃時口感特別好，麵條有彈性爽口，雖然分量不多，但卻用料十足，麵上鋪滿一粒粒蝦子，每一粒都在口中散發鮮味和香味，麵和蝦子都非常完美，令人吃完後仍覺意猶未盡，想再添吃一碟。

Best 2

約 $ **25**
🍴 ★★★★☆
CP ★★★☆☆

豬手麵

豬腳煮得很柔軟，一咬下去便骨肉分離，而且十分入味，配合口感特佳的麵條和清湯，味道也是很讚！

玩家帶路指南

每一根都是汗水的竹升麵

要做到真正享受食物，不單是品嘗其味，更重要的是體會準備食物的人付出的心意。當大家吃著彈牙可口的竹升麵時，有否想過做麵師傅所付出的努力和辛酸呢？人們常說盤中餐是「粒粒皆辛苦」，而這竹升麵則是「根根皆汗水」。

要製作好吃的竹升麵，過程絕不簡單。首先是用傳統的方法把麵團搓好，然後就是最辛苦的過程──師傅騎在「竹升（大茅竹杆）」的一端，利用全身的力量，把竹杆壓在麵團上，以求做出來的麵條更具口感。

麵團壓好後並不代表完成，因為對於湯麵來說，湯底也是靈魂所在，所以做湯絕對是一絲不苟的，要做得好喝，需要用上蝦子、大地魚、豬骨等熬製 3 個小時以上。

所以說，每一條竹升麵都是由師傅的心思和汗水努力做成的。也許是這工序實在太繁複太辛苦了，現在仍堅持用傳統人手去做竹升麵的食店並不多見，所以我們享用時更需要好好品味，才不會枉費師傅的一番心血！

甜香園麥師傅甜品
超人氣冷熱甜品

麥師傅在澳門也有相當名氣，以製作各式甜品聞名，價錢約十幾至二十幾元，一碗的分量很足，而且十分美味，物超所值。他們的總店在柴船尾街，位置較隱蔽難找，但在福隆新街的分店卻容易找多了。這裡有很多著名的甜品，冷的有楊枝甘露、仙草芒果蘆薈，熱的有各式杏仁茶、馬蹄沙、核桃糊等。

I DATA I

🏠 新馬路福隆新街 32 號

🚌 2、3、3A、3X、5、7、10、10A、11、18、21A、26A、33 公車（新馬路／大豐站下車，步行約 5 分鐘），或 2、3A、5、7、10、10A、11、21A 公車（金碧文娛中心站下車，步行約 5 分鐘）

⏰ 14:00 ～ 02:00

約 $ **30**
（外賣加 1 元）

🥄 ★★★★☆
CP ★★★☆☆

杏仁核桃糊

杏仁和核桃味道很配搭，甜度適中，可以吃到杏仁和核桃香味，兩者都磨得很幼滑，吃進口裡十分滑溜，推薦一試！

南瓜西米

金黃色的賣相十分誘人，能吃到一塊塊非常柔軟的南瓜，有入口即溶的感覺，散發著南瓜的天然甜味，配合分量適中的西米，非常好吃！

Best 2　約 $ **17**

🥄 ★★★★☆
CP ★★★☆☆

Best 3　約 $ **22**

🥄 ★★★★☆
CP ★★★☆☆

楊枝甘露

麥師傅的楊枝甘露並不太甜，水果的鮮味十分突出，芒果鮮甜，西柚清香，配上椰汁的香滑，是一道味道清新，很適合在夏天享用的甜品！

擂沙湯丸

擂沙湯丸是一種傳統甜點，是把餡料釀進糯米粉團做成丸子形狀，然後放在黃豆粉裡，讓黃豆粉黏在丸子上吃。麥師傅的擂沙湯丸有芝麻和奶黃兩種餡料。糯米團很 Q，口感很好；芝麻餡料非常香濃，甜度適中，非常好吃！

Best 4

約 $ **18**

🥄 ★★★★★
CP ★★★☆☆

甜在心頭的觀音法寶

說起「楊枝甘露」，大家會想到什麼？是觀音菩薩的法寶，還是一款美味清爽的甜品？我想對於喜歡甜食的朋友來說，一定會想起後者吧！「楊枝甘露」於 1984 年由香港的利宛酒家首創。以沙田柚、芒果、西米（做西米露的材料）、椰汁等做成。它的名字來自中國神話裡，觀音一手握著楊枝，一手拿著小瓶，瓶中的露水能給人們帶來吉祥，被稱為「楊枝甘露」。而這一款同名的港式甜品，雖然不能帶來好運，但卻使人甜在心頭，吃得滋味。在炎炎夏日喝一口這種清爽解渴的甜品，就像是得到甘露滋潤一樣。

保健牛奶公司
價格廉宜的燉蛋和燉奶

也許保健牛奶公司並不是很多旅客來澳門品嘗燉奶的首選，不過，它的奶類食品一點也不遜色，而且因為不是位於熱鬧地區，所以價錢會更合理。在別的店吃燉蛋或燉奶，起碼要花二十幾元，但在這裡不用二十元便能吃到CP值同樣很高的食品，若你不想只刻板地去那些人都光顧的幾間店鋪，也不想跟一大堆遊客人擠沙丁魚，想舒舒服服地享用一碗燉奶，不妨去保健試試吧！

| DATA |

🏠 福隆新巷4號

🚌 2、3、3A、3X、5、7、10、10A、11、18、21A、26A、33公車（新馬路／大豐路下車，步行約5分鐘），或2、3A、5、7、10、10A、11、21A公車（金碧文娛中心站下車，步行約5分鐘）

⏰ 12:30～22:30

薑汁撞奶

這是保健的招牌美食，薑味非常濃郁突出，鮮奶幼滑香甜，兩者搭配在一起，味道和風味都很佳。

Best 1　約 $ **22**

🍴 ★★★★☆
CP ★★★☆☆

Best 2　約 $ **18**

🍴 ★★★★☆
CP ★★★☆☆

冰花燉蛋

冰花燉蛋是指冰糖燉雞蛋，保健的燉蛋比其他店的甜度較低，雖然嗜甜者可能不會滿足，但正因為不會太甜，可以讓燉蛋散發出雞蛋的天然味道，又滑又香，值得一試。

3

崗頂、福隆新街

合記花生糖
口味更勝名店的小攤檔

若要到澳門購買花生糖，相信不少人的第一反應是去某某廣告上經常出現的知名店鋪，可是我卻會推薦一個知名度不高的小攤檔──合記。認識合記是在幾年前，為了想買些伴手禮帶去給幾位在上海的朋友，我四處找尋好吃的花生糖，試過了幾家以後，竟發現合記的花生糖比那知名店鋪更便宜又更好吃！上海的朋友吃過後都異口同聲讚不絕口，所以決定把它推薦給大家。合記的花生糖味道多樣，如椰絲花生糖、芝麻花生糖等，有軟的也有硬的，若不知哪種好吃，可以問老闆拿少許來試試。

| DATA |

🏠 新馬路盧石塘巷毛記飯店門口側街邊車仔檔（陶陶居酒家對面）

🚌 2、3、3A、3X、5、7、10、10A、11、18、21A、26A、33公車（新馬路／大豐站下車，步行約5分鐘），或2、3A、5、7、10、10A、11、21A公車（金碧文娛中心站下車，步行約5分鐘）

Best 1

約 $ **29** 一包

🍴 ★★★★★
CP ★★★☆☆

芝麻花生糖

花生糖以花生、芝麻配上糖漿製成。合記的花生糖，在打開包裝袋子後，一陣陣花生香味已撲鼻而來。放進口裡品嘗，花生和芝麻交織出濃濃的香味，更重要的，是它不會像很多地方的花生糖一樣黏牙，軟硬度恰到好處，咀嚼時口感極佳，是非常值得購買的澳門伴手禮！

珠記麵家
嘗嘗澳門老字號的鎮店三寶

珠記是澳門的老字號，光顧的客人很多，有幾間分店。它的鎮店三寶包括雲吞（即餛飩）、水餃和魚皮角，這些都是非試不可的！雲吞麵和水餃麵在其他麵店都不難吃到，但魚皮角麵卻是較特別的，推薦大家試試。除了吃麵之外，也可以把三寶買回家作伴手禮，只要放下燙水裡煮一會兒就可以吃，相當方便。

| DATA |
- 營地大街 127 號（新馬路大豐銀行對面街口直入）
- 2、3、3A、3X、5、7、10、10A、11、18、21A、26A、33 公車（新馬路／大豐站下車，步行約 3 分鐘）
- 12:30 ～ 18:00，19:00 ～ 01:00

- 連勝馬路 84 號 A 地下
- 7、7A、17、19 公車（連勝馬路／高士德站下車，步行約 2 分鐘）
- 07:00 ～凌晨 02:00

- 天神巷 21 號 D-E
- 2、2A、5、7、7A、8、9、9A、12、16、22、25X 公車（水坑尾站下車，步行約 5 分鐘）或 2、2A、4、7、7A、8、8A、9、9A、12、18、18A、19、22、25 公車（水坑尾／公共行政大樓站下車，步行約 5 分鐘）
- 07:00 ～凌晨 02:00

 Best 1　約 $ 18　★★★★★　CP ★★☆☆☆

雲吞麵

珠記的雲吞以豬肉為主，蝦較少，但用料很香，配合用大地魚製成的湯，非常美味。

水餃麵

水餃有肉、冬菇，比雲吞更香，而且加上了少許菜，所以口感很特別。

 Best 2　約 $ 18　★★★★★　CP ★★★☆☆

Best 3　約 $ 20　★★★★☆　CP ★★☆☆☆

魚皮角麵

魚皮角的外皮用魚皮搓成，有著與一般水餃和雲吞皮不同的鮮味。餡料是鮮甜的蝦肉、冬菇和瘦肉，非常好吃，只是一碗 20 元的麵只有 3 粒魚皮角，略嫌分量不足。

成記粥品
兼具服務與品質的名氣小攤

雖然成記只是在小巷裡的小攤，可是別小看它喔！它的歷史和名氣都是不簡單的呢！他們在上一代已在經營，可見其歷史悠久。因為他們的粥太好吃了，而且價錢合理，不單受街坊歡迎，也有不少遊客會專程來品嘗呢！當然，除了食物質素水準優勝外，它還有一個成功的要素——就是濃厚的人情味了。老闆是個很開朗健談的人，總是笑臉迎人，看到有遠道而來的遊客光顧，還會很熱情地向他們道謝呢！並不會像某些店那樣，被媒體報導出名了後，便冷著嘴臉對待客人。這樣服務熱情又食物美味的食店，十分值得向大家誠意推薦。

| DATA |
🏠 新馬路營地大街吳家園
🚌 2、3、3A、3X、5、7、10、10A、11、18、21A、26A、33 公車（新馬路／大豐站下車，步行約 3 分鐘），或 3、4、6A、8A、18A、19、26A、33 公車（新馬路站下車，步行約 5 分鐘）
⏰ 07:30 ～ 13:00

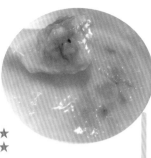

Best 1
約 $ **20**
🍴 ★★★★★
CP ★★★★★

肉丸粥

這是我吃過最好吃的粥！這絕對沒在誇張的，他們的粥底真的很鮮甜，米煮得軟綿綿又幼滑，再配上同樣味道鮮美的肉丸，吃著實在是一種享受！而且，一碗粥有 6 粒肉丸，分量比很多粥店都來得足，絕對是物超所值！

保記咖喱牛腩
60 年老店的獨門美味

保記是已有 60 年歷史的食店，跟成記一樣，是隱沒在小巷裡的美食。位置比較難找，若非看到小巷外的廣告牌，也未必能找得到，店面也比較簡單，看上去十分平凡，但絕對值得花點時間去找尋嘗試，因為他們的咖喱牛腩真的很著名很好吃。澳門飲食業競爭何其激烈，能在 60 年裡屹立不倒的，當然是有其成功之道的。這家店就在成記粥品對面，也在珠記麵家的附近，可以把 3 種美食同時一網打盡呢！

| DATA |
🏠 新馬路營地大街手肘圍（成記粥品對面）
🚌 2、3、3A、3X、5、7、10、10A、11、18、21A、26A、33 公車（新馬路／大豐站下車，步行約 3 分鐘），或 3、4、6A、8A、18A、19、26A、33（新馬路／永亨站下車，步行約 5 分鐘）
⏰ 13:00 ～ 17:30

Best 1
約 $ **26**
🍴 ★★★★★
CP ★★★☆☆

咖喱牛腩河粉

看上去很清淡，沒什麼特別吸引之處，但嘗過後卻會發現味道竟與其外表大大不同！牛腩煮得非常柔軟入味，輕輕便可以咬開，河粉也十分幼滑，口感細膩，最重要的，是這道食品的靈魂——咖喱汁又香濃又惹味，令人一吃便深深愛上。另外，客人可以按喜好要求不同的辣度。

Area 4 十月初五街、沙梨頭

對比起熱鬧的大三巴，十月初五街及沙梨頭明顯較少遊客來訪，卻也因此反而更能保留許多價廉物美的東西——懷舊玩具、特色糕餅，還有充滿風情的舊式茶餐廳，保留著矮凳仔的特色咖啡店等，可說是臥虎藏龍呢！想尋找價錢便宜又好吃的美食？大家不妨多走一步，來逛逛這個常被遊客遺忘的寶庫吧！

十月初五日街
（泗𠵹街）

RUA DE
CINCO DE OUTUBRO

COLECCIONISMO E VELHARIAS SO TÁ FAU

梳打埠懷舊店

玩家散步路線

梳打埠懷舊店（約15分鐘）──→十六浦3D奇幻世界（約15分鐘）──→白鴿巢公園（約1分鐘）──→東方基金會會址（約1分鐘）──→聖安多尼教堂（約5分鐘）──→大三巴及板樟堂區

白鴿巢公園 📷

青洲灶記咖啡 🍜 揮匠巷
董就記甜品 🍜
權記骨粥 🍜

工匠街

工匠巷

就利欄 🚩
巴素打爾古街
十六浦渡頭
十六浦新街
沙欄仔行 🍜

快艇巷

十月初五街
皇子街
洪馨椰子 🍜
渡南新街
海邊新街
美基街

十六浦 3D 奇幻館 📷
（位於十六浦索菲特酒店內）

十六浦索菲特酒店 🚩

西士日納沃街

16 號碼頭 🚩

半島酒店 🚩

金碧文娛中心 🚩

洞穴巷

東方基金會會址 📷

白鴿巢前地

工人康樂館超級市場
沙欄仔橫街 沙欄仔斜路 📷
滄洲咖啡小食 🍜
南屏雅敘 🍜
時香花生瓜子 🍜
果欄街
中國國貨公司

大龍鳳茶樓 🍜
木橋街
草堆街 🚌
新埗頭街 🍜
國德行李康記 🍜
爐石塘巷

往西班牙烤雞 📷
聖安多尼教堂 📷
花王堂前地

梳打埠懷舊玩具店 📷

關前後街
關前正街

梳打埠懷舊店
返回童年的時光隧道

誰說玩具只是小孩子的玩意？成年人何嘗不想重拾快樂無憂的童年？這間懷舊玩具店，正好能實現成年人回到過去的希望。你可以在這裡找到昔日曾擁有過，或是似曾相識的寶貝，從玩具到漫畫、可樂紀念品、骨董燈飾、菸盒，應有盡有。想找回那段封塵的快樂回憶？一定要來這裡看看啦！

| DATA |

🏠 澳門果欄街 58 號 🚌 18 公車（營地大街站下車，步行約 10 分鐘）
⏰ 12:00～19:30

十六浦 3D 奇幻世界
MJ 粉絲朝聖地

原本的米高積遜珍品廊已改為十六浦 3D 奇幻世界，在這裡可以欣賞充滿立體感覺的畫作，分為 3D 侏羅館、澳門 3D 之旅等多個區域。而原本珍藏的米高積遜（MICHAEL JACKSON）手套，仍可在 MJ 3D 展區找到！

| DATA |

🏠 澳門十六浦索菲特酒店 2 樓 🚌 1、3、4、8A、18A、19、26、26A、33 公車（十六浦站下車，步行約 3 分鐘）⏰
10:00～22:00 💲 188

白鴿巢公園 Ⓐ
親子同樂的休憩園地

　　白鴿巢公園環境清幽，鳥語花香，向來是深受澳門居民歡迎的休憩公園，裡面還有紀念葡國著名詩人賈梅士的銅像。

| DATA |

🏠 白鴿巢前地　🚌 17 公車（白鴿巢總站下車，步行約 2 分鐘），或 8、18、18A、19、26 公車（白鴿巢前地站下車，步行約 2 分鐘）
🕐 06:00 ～ 22:00

東方基金會會址 Ⓑ
猶如森林中的花園別墅

　　這座華麗的花園住宅，在 18 世紀建成，原本是葡國皇室貴族的別墅，後來曾作為賈梅士博物館，現在成為了東方基金會的會址。

| DATA |

🏠 白鴿巢公園附近　🚌 17 公車（白鴿巢總站下車，步行約 2 分鐘），或 8、18、18A、19、26 公車（白鴿巢前地站下車，步行約 2 分鐘）

聖安多尼堂 Ⓒ
具悠久歷史的古老教堂

　　這座華人稱為「花王堂」的教堂，是澳門三大古老教堂之一，在西元 1558 ～ 1560 年間建成。因為曾經歷火災，現在我們看到的是災後重建的模樣。

| DATA |

🏠 花王堂街（白鴿巢前地附近）　🚌 17 公車（白鴿巢總站下車，步行約 2 分鐘），或 8、18、18A、19、26 公車（白鴿巢前地站下車，步行約 2 分鐘）　🕐 07:30 ～ 17:30

頤德行李康記
隱身巷弄的豆腐花

在澳門售賣豆腐花的店鋪很多，但說到最廣為人知、最受歡迎的，就屬頤德行李康記了！他們是已超過 50 年歷史的老店，原本是豆品批發店，但後來也經營堂食（即在店裡食用）。他們的豆腐花又好吃又便宜是人盡皆知的，雖然隱沒在舊區的橫街裡，就算連道地澳門人找起來也有點困難，但很多遊客都會特意慕名而來專程一試。

| DATA |
🏠 新埗頭街 19 號 D
🚌 2、3A、5、7、10、10A、11、21A 公車（金碧文娛中心站下車，步行約 5 分鐘）
🕐 07:00 ～ 19:30

Best 1　約 $ **7**
👍 ★★★★★
CP ★★★★★

豆腐花

李康記豆腐花的最大特色，是加上的不只有糖漿，還有花奶。在花奶的襯托下，豆腐花更香滑更美味！放進口裡，豆腐滑溜溜的，口感極好！而且豆味清香，絕對不會過甜，一碗 $7 實在是價廉物美，超讚！

西班牙烤雞
香噴噴的烤雞和海鮮飯

澳門的西班牙餐廳並不多，這間雖然鋪子小小，但是人氣很高，時常都滿座，在用餐時段往往一位難求，而且還開設了分店，可見其受歡迎的程度了。除了西班牙的傳統料理，如西班牙海鮮飯，TAPAS 小食以外，這間餐廳還有一款招牌菜，就是餐廳名字裡的烤雞。所有菜式都充滿濃厚的西班牙風情，而且賣相和味道都非常好，價錢也合理，使用澳門通還能享用折扣，非常值得推薦！

| DATA |
🏠 總店：澳門連勝街 2 號妙麗大廈地下 A 座，分店：澳門慕拉士街 16 號富大工業大廈地下 B 座（消防局旁）
🚌 8A、18、18A、19、26 號公車（白鴿巢前地下車），或 17 號公車（白鴿巢總站下車，步行約 5 分鐘）
🕐 週二～日：12:00 ～ 22:30

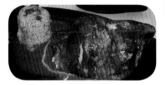

Best 1　約 $ **39** (1/4 隻)
$78（半隻）、$138（一隻）
👍 ★★★★☆
CP ★★★★☆

烤雞

有不同分量，1 隻、半隻及 1/4 隻可以選擇。烤雞一上菜，就立即被那誘人的賣相和香噴噴的味道給吸引住了。烤雞的分量很足，而且烤成美麗的金黃色，一看就覺得誘人了。傳來的陣陣香味令人禁不住立即咬一口。一口咬下去，雞的肉質又嫩又充滿肉汁，外皮烤得香脆，配合特製的飯粒份外有滋味，真的很讚！

Best 2　約 $ **228**
（經典及墨魚汁海鮮飯）
約 $ **208**
（海鮮雞肉飯）
👍 ★★★★☆
CP ★★★★☆

西班牙海鮮飯

有 3 種口味可以選擇，包括經典海鮮飯、海鮮雞肉飯及墨魚汁海鮮飯。飯的分量是 2 人份，海鮮用料新鮮豐富，配合用了蕃紅花烹調，呈現黃色的飯粒，鮮甜美味，充滿着濃厚的西班牙風情。

4

十月初五街、沙梨頭

南屏雅敘
相當有名氣的茶餐廳

南屏雅敘是一間物美價廉的舊式茶餐廳,食物比很多地方都要便宜,而且味道一點都不遜色!特別推薦試試所有用雞蛋做成的食品,像蛋撻(蛋塔)、奄列(蛋卷)、叉燒雞蛋三文治等,因為他們的雞蛋分量十足,而且煎得十分香滑,這些都是最多人點的食物。只是,由於假日客人較多,較建議在平日光顧。

Best 1

約 $ **16**
★★★★★
CP ★★★★★

叉燒雞蛋三文治

雞蛋的分量很足,煎得香滑美味,夾著叉燒來吃別有一番風味,一份 $16 完全是物超所值!

Best 2

約 $ **5**
★★★★★
CP ★★★★★

蛋撻

酥皮做得酥脆,蛋漿甜味適中,入口滑溜,有一種融化的感覺。南屏雅敘的蛋撻都是新鮮烘製,熱烘烘地捧出來,吃的時候分外香甜!現在在澳門要吃到一個 $5 的蛋撻,已幾乎是不可能了。南屏雅敘是間相當有名氣的店,蛋撻的品質又這麼好,一個 $5 真的超讚!

| DATA |
🏠 十月初五街 85～85A 號地下
🚌 18 公車(十月初五街站下車,步行約 2 分鐘)
⏰ 06:30～18:30

時香花生瓜子
多達 100 種的零食小吃

Best 2

約 $ **21** (1 包)
★★★★☆
CP ★★★☆☆

蝦子花生

脆脆的,像蝦片一樣的外皮包著香香的花生,口感特佳,不單外表,就連味道也跟普通花生完全不同,十分香口,若想試試較特別的口味,非常推薦這個。

Best 1

約 $ **21** (1 包)
★★★★☆
CP ★★★☆☆

咸脆花生

花生又大粒又香脆,鹹鹹香香十分美味,剝著剝著甚是滋味,不知不覺吃了一粒又是一粒。

這家花生店已有三十多年歷史,售賣超過 100 種零食小吃,包括花生、瓜子、蛋卷、腰果、蝦條、話梅、魷魚絲到牛耳、蛋散都有。花生款式很多,例如傳統的腐乳、魚皮、蝦子、芥辣、麻辣、炭燒、紫菜等風味,最適合喜歡吃零食和花生的人。若來澳門不想只買招牌的杏仁餅和肉乾之類,不妨也試試這些懷舊又有特色的伴手禮吧!

| DATA |
🏠 皇子街 27 號
🚌 1、3、3X、16、26、26A、33 公車(海邊新街站下車,步行約 3 分鐘)
⏰ 09:00～19:00

洪馨椰子
專賣婚嫁必備品

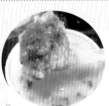

約 $ **18**
🍴 ★★★★☆
CP ★★★☆☆

椰子雪糕

在果欄街有不少具特色的老鋪,就像這一間已有百年歷史的洪馨椰子,售賣的是嫁娶必會用到的,寫著「囍」字的椰子殼。現在在澳門售賣這個的店鋪已不多了,大多集中在果欄街,而洪馨和其他同類店鋪最不同的地方在於,他們除了賣椰子以外,還會售賣很好吃的雪糕(冰淇淋),包括他們的招牌必吃美食——椰子口味,還有芒果和巧克力的口味,因為每天供應有限,所以要趁早來試喔!

雪糕帶著濃郁清香的椰子味道,而且又軟又滑,把一口放進口裡,可以感到椰香漸漸融化,香氣四溢,非常讚!只是一杯十幾元的雪糕,而且分量不多,並不太划算。

| DATA |
🏠 果欄街 14 號地下
🚌 18 公車(草堆街站下車,步行約 5 分鐘)
⏰ 09:00 ～ 13:00,14:30 ～ 19:00

十月初五街、沙梨頭

勤記甜品
回味無窮的糖水小鋪

約 $ **13**（外賣加 $1）
🍴 ★★★★☆
CP ★★★☆☆

蓮子百合紅豆粥

勤記開業已七十多年,現任檔主是創業人的女兒,已經營業至第二代了。他們售賣的是傳統的中式糖水,包括蓮子百合紅豆粥、海帶綠豆沙、湯圓、杏仁芝麻糊等等,價錢合理又味道可口,雖然只是路邊小攤,沒有華麗裝潢,但反而更有風味。

紅豆、蓮子、百合都煲得很綿很香,紅豆豆味濃郁,加上蓮子倍添清新,而且甜度適中,令人回味!

| DATA |
🏠 沙梨頭海邊街與巴素打爾古街交界(工人康樂館超級市場附近)
🚌 1、3、3X、16、26A、33 公車(海邊新街站下車,步行約 3 分鐘)
⏰ 15:00 ～ 01:00

權記骨粥
講究品質,精心熬製

約 $ **18**
🍴 ★★★★☆
CP ★★★☆☆

招牌骨粥

權記骨粥已有六十多年歷史,招牌美食有豬骨粥和炒麵,這兒的豬骨粥都是經過 3 小時的精心熬製,而且製作粥底的材料也很講究,除了用豬骨以外,還會用上淡菜、乾瑤柱等,可見店主準備食物的用心,一碗看似平凡的骨粥,有著不平凡的美味!

在淡菜和瑤柱的映襯下,粥底非常鮮甜惹味,不得不提的是那還帶著肉的豬骨,因為經過長時間熬製,所以肉質分外柔軟入味,輕輕一咬已骨肉分離,令人食指大動!

| DATA |
🏠 沙梨頭海邊街與巴素打爾古街交界(工人康樂館超級市場附近)
🚌 1、3、3X、6、16、26、26A、33 公車(海邊新街站下車,步行約 3 分鐘)
⏰ 15:30 ～ 01:30

滄洲咖啡小食
兼具傳統與創新的人氣西餅

在哪兒可以吃到大師傅製作，有水準，夠特色又只售兩三塊錢的美味西餅？在白鴿巢公園附近的滄洲咖啡小食便可找到了！別小看這間咖啡室裝潢古舊，這間店的老闆可是大有來頭的呢！他曾在嘉蘭、聖德蘭和檀島這 3 間極有名氣的餅店工作，所以製作的西餅都是非常有水準的！他們的西餅有傳統也有創新，又美味又便宜！全都只賣一樣 $3～$5 元而已！

| DATA |
🏠 十月初五街 55 號 A
🚌 1、3、3X、16、26、26A、33 公車（海邊新街站下車，步行約 3 分鐘）
⏰ 06:30 ～ 18:00

Best 2 — 蛋撻
約 $ 4
🥮 ★★★★★
CP ★★★★★

滄州的蛋撻跟南屏雅敍的一樣超讚！而且還更便宜呢！酥皮做得香而不膩，蛋漿甜度適中，又香又滑，入口即溶，美味可口。由大師傅製作，卻只賣 $4，絕對是 CP 值極高的美食！

Best 1 — 椰蓉餅
約 $ 3
🥮 ★★★★★
CP ★★★★★

這是滄洲自創的款式，外皮採用製作核桃酥的方式烘焙，酥皮香而不膩。底部則是磨得幼滑清香的椰蓉，兩者配合一起，互相襯托更顯清甜，而且口感特別，吃罷久久留香，價廉物美，誠意向大家推薦。

Best 3 — 老婆餅
約 $ 3
🥮 ★★★★★
CP ★★★★★

老婆餅也是滄洲的招牌糕餅，它的最大特色在於香酥而不易碎，糖冬瓜和椰絲製成的餡料甜度適中，再加上不用任何添加劑，味道更是天然純正。

Best 4 — 海鮮批
約 $ 4
🥮 ★★★★☆
CP ★★★★★

起初老闆是想製作雞肉派，但為了追求更美味和更特別的美食，決定改良為海鮮派。這一件看以平凡的西餅，實則包含 8 種材料做成的餡料，混合一起分外美味，引證了只要用心挑選材料和製作，定會做出優質食物的道理。

玩家帶路指南

老婆餅是不是做給老婆吃的？

廣東有很多名字有趣的糕餅——老婆餅、盲公餅，還有老公餅呢！老婆餅澳門人時常會吃，但知道它的名字由來的人可能不多。老婆餅的來源雖然眾説紛紜，不過幾個傳説都不約而同跟老婆有關。

有一種説法是關於從前一對以售賣餅食維生的貧窮夫妻，妻子做了一種以冬瓜蓉為餡料的餅，讓丈夫在市場售賣，為了感謝妻子，丈夫便把這種餅命名為老婆餅。

另一個説法是個感人的故事，話説從前有個孝順的女子，因為公公病了又沒錢醫治，甘願賣身為奴，於是丈夫花盡心血研製了一種好吃的餅，希望能用賣餅賺到的錢把愛妻贖回來，這種餅便是今天大家吃到的老婆餅了。

也有一些人認為，老婆餅其實是由廣州蓮香樓首創，其誕生的故事是這樣的：酒樓的一位師傅的妻子，把家鄉的冬瓜餅帶給眾位師傅品嘗，大家都覺得非常美味，於是蓮香樓便將之改良出售，並命名為「老婆餅」了。

至於與老婆餅湊成一對的老公餅，餡料以蒜蓉、椒鹽和蛋黃做成，味道偏鹹，命名為「老公餅」是為了識別味道偏甜的老婆餅，至於盲公餅就如其名，是由清朝一位失明算命師所做的糯米肉心餅。

青洲灶記咖啡
充滿懷舊風情的陳設

玩家帶路指南

坐在矮凳仔用餐才對味

青洲灶記咖啡是一間擁有超過 50 年歷史的老店，以前在青洲經營，其最大特色是食客都是圍著矮桌子坐在矮凳仔上（即小椅子）進食。現在雖然原址已經拆除，灶記已搬到沙梨頭繼續經營，可仍保留著矮桌子和矮凳仔的特色，還繼續售賣他們著名的通粉、豬扒包、菠蘿油等，店裡的陳設仍保留著古舊的吊扇和古老的掛牆鐘，最適合喜歡緬懷過去的朋友懷舊一番！

| DATA |

🏠 沙梨頭掙匠巷 2 號 B
🚌 1、3、3X、16、26、26A、33 公車（海邊新街站下車，步行約 3 分鐘）
⏰ 07:00 ～ 19:00

或許大家會覺得，享受美食時應該坐得舒舒服服，在一個優美的環境下用餐會分外愉快，可是，有些人卻背道而馳，他們寧願屈身坐在矮凳仔（小椅子）上，跟很多人擠在一起，但能看到個個吃得津津有味，看來比在高級餐廳吃飯還要享受呢！因為他們覺得吃得隨意，吃得開心才是王道，可惜，坐在矮凳仔吃的情景已差不多要成歷史了，很多矮凳仔攤檔已紛紛轉型或結業。就連著名的松花崗矮凳仔攤檔，也因為地權結業了。現在，大家若想重溫這種集體回憶，可以光顧位於沙梨頭的青洲灶記。坐在矮凳仔上用餐，幻想自己是小人國裡的小矮人，其實也是很特別有趣的體驗呢！

番茄肉碎燴通粉

👑 Best 1

約 $ 32

⭐ ★★★★★
CP ★★★☆☆

番茄、碎肉和雜菜搭配起來，味道酸酸甜甜，令人食慾大增，非常清新健康又容易入口，味道滿分，分量也很足夠，誠意推薦給大家！

冰火菠蘿包

即是菠蘿油包（菠蘿包裡夾上一塊鮮牛油），菠蘿包是港澳的特色包點，雖名曰菠蘿（即鳳梨），實則不是用菠蘿做成的，只是樣子像菠蘿而得名罷了。菠蘿油包是港澳茶餐廳常提供的西餅，灶記的菠蘿油包熱烘烘的很香，夾著冷冷的牛油吃，甜中又帶點鹹味，酥香中帶著幼滑，味道和口感都非常特別，只是吃多了會有點肥膩。

👑 Best 2

約 $ 9

⭐ ★★★★★
CP ★★★☆☆

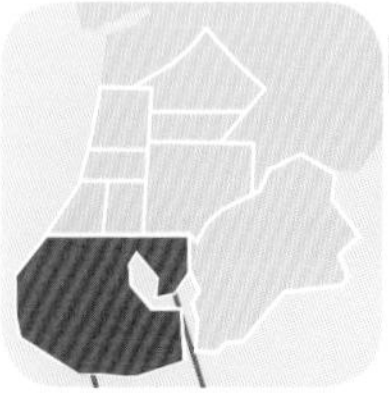

Area 5

下環、風順堂

這裡是繼大三巴後，集合了最多文化遺產的地區，而且各景點距離很近，非常好逛。從媽閣廟開始，先到港務局大樓，再抵達亞婆井及鄭家大屋，聖老楞座教堂及聖若瑟修院，更可在中間加插主教山及澳門旅遊塔，可以一氣呵成飽覽多個景點，展開一次亦古亦今，中西交融的探索之旅。

RUA
DE
S. LOURENÇO
風順堂街

玩家散步路線

聖若瑟修院及聖堂（約 3 分鐘）⟶聖老楞佐教堂（約 25 分鐘）⟶主教山西望洋聖堂（約 15 分鐘）⟶亞婆井前地（約 2 分鐘）⟶鄭家大屋（約 5 分鐘）⟶港務局大樓（約 5 分鐘）⟶媽閣廟（約 1 分鐘）⟶海事博物館（坐 26 或 MT4 公車，約 10 分鐘）⟶澳門旅遊塔

澳門旅遊塔
遊塔

澳門旅遊塔
充滿各式活動的最高建築

澳門旅遊塔是澳門最高的建築，最高點離地面338公尺，除了商場、360度旋轉餐廳、各式食店等多種設施以外，遊人還可以挑戰自己的膽量，參與各種高空活動，如全球最高的 BUNGY JUMP、SKY JUMP、空中漫步、百步登天爬塔等等，非常刺激。想靜態一點的，也可以前往位於 60 樓的旋轉餐廳，一邊品嘗佳肴，一邊欣賞澳門的景致。

| DATA |
🚌 9A，18，23，26，32，MT4 公車（澳門旅遊塔站下車，步行約 1 分鐘）

媽閣廟
澳門歷史最悠久的廟宇

媽閣廟是澳門現存最古老的廟宇，也是澳門現存文物中歷史最悠久的，其主要建築物包括神山第一殿、正覺禪林、弘仁殿、觀音閣等。本名為「媽祖閣」，現在普遍稱為「媽閣廟」。不説不知，澳門的葡文名「MACAU」就是來自這間歷史悠久的廟宇呢！

| DATA |
🚌 1、2、5、6B、7、10、10A、11、18、21A、26、28B、MT4 公車（媽閣廟站下車，步行約 2 分鐘） ⏰ 07:00 ～ 18:00

鄭家大屋  Ⓐ
融合中西藝術的大宅

　　澳門是中西文化交融的地方，這座近幾年才重新開放的大宅，正好是集合了中西建築風格的藝術結晶。鄭家大屋於 1869 年建成，是中國近代著名思想家鄭觀應的故居。細看之下，可以看到充滿中式風格的屋頂、樑架結構、內院的窗戶、趟攏門；亦不難發現受西方影響的天花、門楣、窗楣、簷口線，以及外牆的抹灰。若對建築不熟悉也不要緊，因為這裡設有免費導賞，只要聽著導賞員的詳細解釋，便會發現很多細微但有趣的建築風格，猶如上了一堂生動的歷史課。

| DATA |

🏠 龍頭左巷 10 號（海星中學附近）🚌 9、16、18、28B 公車（風順堂街站下車，步行約 10 分鐘）🕐 10:00 ～ 18:00（17:30 後停止入場）
🚫 週三 💲 免費

聖若瑟修院及聖堂 Ⓑ
新婚拍攝熱門地

　　由耶穌會於 1728 年初建，教堂雖然規模較小，但卻充滿巴洛克建築風格特色，環境優美，而且教堂前的石階是在澳門現存建築中較為少見的，非常有特色，因此吸引了很多新婚夫婦到這兒拍結婚照。

| DATA |

🏠 崗頂前地，但入口位於三巴仔橫街 🚌 9、16、18、28B 公車（風順堂街站下車，步行約 3 分鐘）🕐 10:00 ～ 17:00

聖老楞佐教堂 Ⓒ
別名為「風順堂」

　　在 16 世紀中葉建成，是澳門三大古教堂之一。若跟澳門人提及這個名字，有些人或許會感到陌

生，但只要一說起這教堂的另一名字「風順堂」，相信不少本地人都會恍然大悟。「風順堂」取自祈求風調雨順之意。因為位於昔日的高尚住宅區，教堂的建築非常美麗高雅。

| DATA |
🚌 9、16、18、28B 公車（風順堂街站下車，步行約 1 分鐘）
⏰ 10:00 ～ 17:00

主教山西望洋聖堂 Ⓓ
全澳景色一覽無遺

又稱為西望洋山，雖然位於高處，交通並不方便，走上坡路十分吃力，但高居臨下能眺望全澳景色，還能清楚看到旅遊塔。山上的小教堂典雅美麗，周圍環境清幽，不單吸引了很多遊人前來，更有不少居民愛到這裡拍婚紗照，亦曾有電影在這裡取景。

| DATA |
🚌 9、16 公車（濠璟酒店站下車，步行約 20 分鐘） ⏰ 09:00 ～ 17:30

亞婆井前地 Ⓔ
葡人最早的聚居點

亞婆井的葡文名是「LILAU」，意思即是山泉，以前是主要的水源，也是葡人最早的聚居點之一，因此設計充滿歐陸情懷。雖然現在井口已不復存在，但其優美悠閒的氛圍，仍很受遊人歡迎，是體驗澳葡風情的好地方。

| DATA |
🚌 9、16、18、28B 公車（風順堂街站下車，步行約 10 分鐘）

港務局大樓 Ⓕ
猶如置身唯美的浪漫大道

遊覽完媽閣廟後，不妨來這座古雅優美的建築看看吧！它有另一個名字「水師廠」，原本是摩爾兵營，設計出自於義大利人蘇杜的手筆，是從印度來到澳門的警察的營地，建築物充滿濃厚的歐陸風情，是拍照的絕佳地點。

| DATA |
🚌 9、16、18、28B 公車（風順堂街站下車，步行約 15 分鐘）

海事博物館 Ⓖ
展示航海時代的船隻模型

博物館展示了澳門的航海歷史及和跟海洋有關的各種展品，如航海時代常用的帆船，來往澳門和香港的客船模型等，還介紹了澳門漁民的生活，和與漁民生活息息相關的媽祖信仰的由來。

| DATA |
🏠 澳門媽閣廟前地 1 號 🚌 1、2、5、6B、7、10、10A、11、18、21A、26、28B、MT4 公車（媽閣廟站下車，步行約 2 分鐘）⏰ 10:00 ～ 18:00(17:30停止售票) 🈺 週二 💲 10～17 歲：週一～六 $5；週日 $3；18 ～ 64 歲：週一～六 $10，週日 $5；10 歲以下、65 歲或以上免費

ISAAC
韓國著名吐司店進駐澳門

喜歡去韓國旅行的朋友，一定聽過 ISAAC 這間吐司店的大名吧！它被譽為去韓國必要一試的美食。而現在不一定要去韓國，就是在澳門也能品嘗到了！雖然這間店鋪面積不大，但無論什麼時候去，都可見到許多人在門外等候，便可知其受歡迎的程度了！

| DATA |
🏠 龍嵩正街 8D 號祐生大廈地下 A1 座
🚌 3、4、8A、18A、19、26A、33 公車（新馬路／永亨站下車，步行約 5 分鐘）
⏰ 08:00 ～ 20:00
🚫 週一

約 $ **48** ★★★★★
CP ★★★★☆
圖片提供／艾薩克澳門有限公司

安格斯牛吐司

不愧是店裡的招牌菜，這款吐司的味道實在非常好！牛肉的肉汁非常豐富，配合煎蛋、起司、青瓜、青菜等材料，口感和味道都十分豐富，超讚！

約 $ **40** ★★★★☆
CP ★★★★☆
圖片提供／艾薩克澳門有限公司

豬柳吐司

吃下去起初感覺像在吃豬柳漢堡，後來才覺得是截然不同。豬柳煎得很香，吐司烤得香脆，分量很大，令人吃得滿足。

新肥仔記咖啡美食
學生族群的最愛

新肥仔記位於慈幼中學附近，吸引了很多學生光顧。他們的食物種類有：牛雜、牛丸、牛腩、魚蛋、雞翼、芝士腸、墨魚丸、薯仔等，配上米粉、河粉、生麵。給大家一個小提醒，因為他們用的是滋味的番茄湯底，米粉又是最容易滲滿湯的香味的，因此會比河粉和生麵更好吃。

Best 1
約 $ **35**
🍴 ★★★★☆
CP ★★★☆☆

牛筋牛丸米粉

這道菜最精采的地方在於那番茄湯底，湯滲進米粉裡，非常鮮甜，入味好吃。牛筋滑溜，牛丸爽口，有多種層次口感，十分讚！

| DATA |
🏠 南灣風順堂街 14 號
🚌 9、16、18，28B 公車（風順堂街站下車，步行約 1 分鐘）
⏰ 06:00 ～ 17:30

小食

占西餅店
葡式家鄉味的限定糕點

這間餅店雖然外表平凡，其實一點也不簡單喔！老闆曾經在著名餐廳——葡京酒店裡的「不夜天」工作，跟隨葡國師傅學習如何製作葡式糕點。所以，這裡除了一般的西餅以外，還會售賣一些在澳門很少能夠吃到的傳統葡式糕點，像聖誕節限定的耶穌枕頭，又或是平時都能吃到的蛋黃糖。另外，他們的懷舊西餅如沙翁、吉士布丁、合桃蛋糕等，全都是很受歡迎的鎮店之寶呢！不少土生葡人還會為了希望能緬懷家鄉的糕點而特意光顧。若你想試試一些較特別的糕餅，這裡絕對是不能錯過的！

| DATA |

🏠 風順堂街 31 號地下
🚍 9、16、18、28B 公車（風順堂街站下車，步行約 2 分鐘）
⏰ 06:00 ～ 19:00

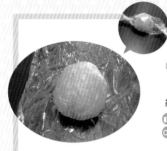

蛋黃糖

Best 1

約 $ 6

🎬 ★★★★★
CP ★★★☆☆

這款是葡萄牙人在喜慶日子都會吃的甜點，製作過程十分繁複，從準備到完成得要花上 2 天的時間，在澳門只有在少數地方才能吃到。一口咬下去，口裡立即充滿了蛋黃的香味，中間還夾著可口的甜味，那香甜留在口裡很久很久，令人非常回味。大力推薦這個！

沙翁

Best 2

約 $ 6

🎬 ★★★★☆
CP ★★★☆☆

沙翁其實就是把麵粉炸得鬆鬆脆脆，然後再沾上砂糖去吃，是一款懷舊風味美食，在每天的下午 2 點出爐。外面香脆，裡面柔軟，口感很好，還帶著砂糖的絲絲甜味，十分可口好吃！熱烘烘時享用最好了！

吉士布丁

Best 3

約 $ 6

🎬 ★★★★☆
CP ★★★☆☆

這件以雞蛋製成的布丁是一款懷舊西餅，現在售賣的地方不多。賣相十分吸引人，因為不會太甜，咬下去能吃到雞蛋香味，而且極為滑溜，口感很好，很值得一試。

合桃蛋糕

Best 4

約 $ 6

🎬 ★★★★★
CP ★★★★☆

占西的合桃（即核桃）蛋糕比沛記的有過之而無不及，那金黃色的賣相甚至比沛記的更為吸引，牛油味道也不會那麼濃烈，感覺不會很油膩。蛋糕非常鬆軟，合桃也很香，熱烘烘地吃下去更是倍添滋味，很讚！

志記甜品
可遇不可求的甜滋味

這一個售賣美味傳統糖水的攤檔，位於慈幼中學的對面，主要食品有杏仁茶、紅豆沙、麻蓉湯圓、白果腐竹糖水等，當中大力推薦要試的，當然是他們的蛋奶麥米粥了！志記的甜品都充滿傳統風味，不過要吃到的話很講求緣分，因為檔主並不是天天營業，而且星期六日都會休息，大家想吃到的話，就唯有碰碰運氣了。當經過慈幼中學對面，發現大樹下的它有營業時，一定要抓緊機會光顧啊！

蛋奶麥米粥

麥米粥是一款健康的傳統甜品，現在能吃到的地方並不多了，志記是其中一間。它的麥米粥很容易入口，粒粒的麥米和幼滑的蛋花交織出綿綿細膩的口感。因為並不太甜，麥香、蛋香和奶香配搭在一起更見突出，是一道非常出色的甜品！

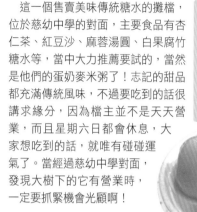

麻蓉湯圓

糖水有種淡淡的薑汁味，並不會太甜，加上幼滑又帶著香味的麻蓉餡料，兩者配合得非常之好，十分好吃！

| DATA |
- 🏠 高樓街聖老楞佐教堂前大樹下
- 🚌 9、16、18、28B 公車（風順堂街站下車，步行約 1 分鐘）

吳廷記糕餅小食
即將消失的潮州式糕點

下環街市物價便宜，因為鄰近街市和學校，這裡有很多提供廉價平民美食的攤檔或店鋪。吳廷記是其中之一，他們最著名的，是一款特色傳統潮州式糕點——冷糕，還有煎得香香的紅豆餅，兩者都是價錢便宜但分量很足的，尤其是冷糕，這一款快要在澳門消失的美食，只要 $7 就能買到很大塊，而且味道非常好，簡直是物超所值！不過，因為糕點都是現做的，有時賣完了一批便要等待一段時間。

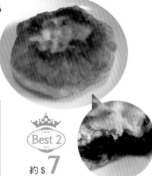

冷糕

一塊糕點裡包含著多種層次的口感，外層微硬，內裡鬆軟，餡裡的芝麻、花生及砂糖粒粒香脆，夾在蛋糕裡特別有風味特別好吃。大力推薦！不過因為太熱的話砂糖便會融化，所以冷糕只會在冬天供應。

紅豆餅

熱烘烘的餅皮煎得很香，裡面夾著香滑的紅豆，有著軟綿綿的口感，甜度適中，令人回味。

| DATA |
- 🏠 澳門下環街 15 號怡豐大廈地下（下環街市對面）
- 🚌 9、16 公車（下環街市站下車，步行約 2 分鐘）
- ⏰ 09:00 ～ 17:30

最香餅家
最正宗的傳統肉心杏仁餅

杏仁餅是來澳必買的伴手禮,到某間知名伴手禮店買入大袋大袋的杏仁餅是很多遊客的指定動作。如果你想特別一點,不想買人人都買的東西,想試試澳門其他餅店的杏仁餅,個人很推薦最香餅家。

最香是一間歷史悠久的餅店,它的位置不在旅遊區,對旅客而言是難找一點,不過,這兒的杏仁餅品質真的很好,就算多走一點路去找也是值得的!最香最難得的是仍保留著最傳統的肉心杏仁餅。出爐時間是在中午,賣完為止。另外還有賣粒粒杏仁餅,同樣很有水準的!

| DATA |

🏠 新馬路夜呣街 12 號 B 地下 A 座

🚌 1、2、5、6B、7、10、10A、11、16、21A、26、MT4 公車(司打口站下車,步行約 5 分鐘)

🕐 10:00 ～ 19:00

約 $ **24**(10 個)

⭐⭐⭐⭐☆
CP ⭐⭐⭐☆☆

粒粒杏仁餅

可以吃到一粒粒鹹鹹香香的杏仁,口感非常實在,杏仁餅烘得很香,果然是歷史悠久,以杏仁餅著名的老餅店,比起某個最知名的品牌,一點也不遜色!

玩家帶路指南

如何買到最正宗的杏仁餅

杏仁餅是來澳門必買的伴手禮之一,澳門的杏仁餅店很多,售賣的款式也不少,其中最常見的是粒粒炭燒杏仁餅,不過,原來這並不是最傳統最正宗的喔!說出來大家或許會想不到,起初的杏仁餅,其實是用肥豬肉做的!把薄薄一片肥美的豬肉,放進粉團裡去烘培,讓豬油滲進餅內,會特別香特別好吃,這種杏仁餅也因此被稱為「肉心杏仁餅」。然而,因為現代人講求健康,聽到肥肉都會避開,所以售賣傳統的肉心杏仁餅的餅家已經不多了。據我所知,最香和晃記兩間傳統餅店仍然有賣。不怕挑戰肥肉的話,不妨買來試試吧!

金玉滿堂
以水果為食材的創新甜品

　　金玉滿堂是很受歡迎的甜品店，除了因為價錢合理又分量大以外，還因為味道好又款式多。在這裡可以吃到各式的甜品，像傳統中式甜品，又或是創新的水果撈。他們的很多甜品款式很有創意，例如較創新的腐竹薏仁鵪鶉蛋、鮮雜果水晶杯等，在製作簡單傳統糕點糖不甩時，他們會加上一點點薑汁，充分可見他們付出的心思與創意。他們的很多甜品都以水果為主要材料，味道清新又健康，而且賣相都很誘人，令人只是看著已垂涎三尺了。

| DATA |
- 南灣大馬路 5 號龍圖閣地下
- 9、9A、16、18、23、28B、32 公車（燒灰爐站下車，步行約 2 分鐘）
- 12:00 ～ 03:00

Best 1

約 $ **25**

★★★★☆
CP ★★★★☆

金玉滿堂撈

　　既然以店名來取名字，這個當然是店裡的招牌菜了。材料非常豐富，以芒果為主，加上紅豆、涼粉（仙草）、西米等等。芒果清甜，在其他材料的映襯下，香味更是突出，配合起來味道清新怡人，很適合在夏天品嘗。

Best 2

約 $ **15**

★★★★★
CP ★★★★☆

糖不甩

　　糖不甩是一種港澳人很喜歡的傳統甜點，吃法很簡單，把糯米做的粉團沾滿花生椰絲粒就行了！金玉滿堂的糖不甩最與眾不同的地方，在於他們在糯米團搓進了薑，所以散發著香而不辣的薑味，非常獨特，而且分量也很大，吃完一份已經很飽了。

玩家帶路指南

在澳門，什麼水果也可以撈

　　「撈」在廣東話裡解作混合一起的意思，例如撈麵就是麵條加上醬油，然後再混合一起，那麼水果撈呢？當然就是把水果混在一起了。港澳的夏天非常悶熱，因為水果類食品又解渴又健康，在夏日分外受歡迎。水果撈的主角當然是水果，如芒果、西瓜、木瓜、奇異果、火龍果等，基本上什麼水果也可以撈，而當中最吸引之處，是可以按自己的喜好自由配搭汁底和配料，例如，芒果撈可以配西瓜汁，西瓜撈也可以配木瓜汁，配料可以選涼粉（即仙草）、西米、珍珠等等。水果撈有時是以一種水果為主，有時也可以是多種水果混合。炎炎夏日，吃一塊鮮甜的水果，喝一口清新解渴的果汁，實在是一大樂事！

西灣安記
與眾不同的金黃色炸豬扒包

　　西灣安記在澳門是知名度很高的食店，既然名為「西灣安記」，它的總店當然是在西灣了，但因為這間店太受歡迎了，在澳門很多地方都開有分店，分店沿用了「西灣安記」的名字，但卻分布在澳門不同地區，因此，即使不在西灣，也能到西灣安記的美食喔！

┃ DATA ┃

🏠 西灣店：燒灰爐街家和閣 30 號 A 地下
　　大堂巷店：大堂巷龍興大廈地下 8A
　　得勝馬路店：得勝馬路 14 號 A
🚌 9、9A、16、18、23、28B、32 公車（燒灰爐站下車，步行約 2 分鐘）
🕐 06:30 ～ 18:00

Best 1　約 $ **20**
🍴 ★★★★☆
CP ★★★☆☆

豬扒包

　　和澳門很多地方的豬扒包不同，它最特別之處，在於那豬扒不是煎的，而是炸的。金黃色的豬扒不單賣相好，吃下去口感也很特別，比一般的豬扒更要香脆。吃多了其他食店的，不妨試試西灣安記與眾不同的豬扒包吧！

Best 2　約 $ **40**
🍴 ★★★★☆
CP ★★★☆☆

牛尾通粉

　　牛尾通粉是在澳門茶餐廳經常能吃到的美食，以蔬菜及牛尾熬製，帶點酸味的湯底滲入通粉裡，分外惹味，令人食欲大增。西灣安記的牛尾通粉雖然不便宜，但勝在用料很足，幾件大大的牛尾，肉質柔軟，非常入味好吃。

Best 3　約 $ **15**
🍴 ★★★★★
CP ★★★☆☆

雞絲包

　　這是西灣安記大力推薦的一款包類，和很多茶餐廳不同，西灣安記採用了咖哩雞絲，香香辣辣的咖哩滲進麵包裡分外好吃，倍添滋味。

Best 4　約 $ **15**
🍴 ★★★★☆
CP ★★★☆☆

鹹牛肉包

　　這是在很多茶餐廳都能吃到的包類，採用的是罐頭的鹹牛肉，雖然是用現成的材料做成，可是味道卻一點也不遜色，鹹鹹香香的牛肉跟鬆脆的麵包非常配合。

Area 6 水坑尾、雀仔園、荷蘭園

這是澳門充滿活力的地區，水坑尾是澳門的心臟地帶和商業中心；荷蘭園有波鞋街之稱，店鋪林立，貨品種類之多令人目不暇給；雀仔園是人氣很旺的市場，也是小吃雲集的地方，喜歡購物和美食的你，一定要來這裡看看喔！

肥利喇亞美打大馬路
(荷蘭園大馬路)(荷蘭園正街)
AVENIDA DO CONSELHEIRO
FERREIRA DE ALMEIDA

玩家👣散步路線

加思欄花園（步行約 10 分鐘）⟶ 藝舍（步行約 3 分鐘）⟶ 塔石廣場（步行約 3 分鐘）⟶ 婆仔屋（步行約 5 分鐘）⟶ 盧廉若公園及茶文化館（步行約 5 分鐘）⟶ 國父紀念館（步行約 3 分鐘）⟶ 二龍喉公園（坐登山纜車，約 5 分鐘，再步行約 15 分鐘）⟶ 東望洋炮台（包括聖母雪地殿教堂及燈塔）及防空洞展示廊（坐登山纜車，約 5 分鐘，再步行約 3 分鐘）⟶ 雅廉訪及美副將區

南洋小食　盧廉若公園及茶文化館　盧廉若公園　二龍喉公園
川鍋　巴士優選　玫瑰咖啡室　二龍喉公園及登山纜車　纜車站
松苑麵食　國父紀念館
交通廳
得勝花園
中央圖書館
得勝花園
西洋墳場
西墳馬路　塔石廣場　高美士中葡中學
文化局
往纜車站方向
塔石體育館
東望洋炮台（包括聖母雪地殿教堂及燈塔）及防空洞展示廊
皇都酒店
華士古達　嘉模花園　麗湖軒酒家
清邁美食
藝舍
張姐記食坊
往山頂醫院電梯
日生越片質記
潮豐麵家
仁伯爵醫院（山頂醫院）大堂小食部
水坑尾街公車站　水坑尾公共行政大樓
美麗街
加思欄花園

東望洋炮台
新婚小夫妻的拍照勝地

在1622年修築，位於澳門半島最高的東望洋山上，遊客可以在此俯瞰澳門半島。炮台、燈塔、小教堂構成了一幅優美畫面，是很多新婚夫婦拍攝結婚照的勝地。聖母雪地殿教堂裡牆上畫滿了揉合中西風格的壁畫，是澳門的教堂中獨一無二的，也是澳門中西文化交融的最佳寫照，燈塔於每年特定日子開放參觀。山上曾是軍事據點，設有不少防空洞，其中一個已作為防空洞展示廊對外開放。

| DATA |
到二龍喉公園坐登山纜車，約5分鐘，再步行約15分鐘

塔石廣場
優雅繽紛的休憩場地

原身為塔石球場，後來改建成為廣場，是休憩的好地方，是澳門的四大廣場之一。最具特色的是廣場地面上鋪滿葡式碎石，四周也是充滿葡國色彩的建築群——塔石衛生中心、中央圖書館、文化局、歷史檔案館等等，色彩繽紛的外型加上優雅美麗的設計，很值得拍照留念和欣賞。

| DATA |
2、2A、5、9、9A、12、16、22、25、25X、28C公車（盧廉若公園站下車，步行約3分鐘）

加思欄花園
淡雅粉紅色的圓形建築

本來稱為南灣花園，但因為位於加思欄兵營附近，又稱為加思欄花園，分為高低兩層，環境清幽，綠樹林蔭，上層有一座造型特別的圓形建築，是紀念在第一次世界大戰裡陣亡士兵的紀念館。

| DATA |

🏠 澳門南灣街、東望洋新街與兵營斜巷之間 🚌 2A、6A、7A、8、8A、9、9A、12、28B、H1 公車（八角亭站下車，步行約 1 分鐘）

藝舍 B
葡風紀念品挖寶地

專門售賣富葡萄牙色彩的紀念品，款式多樣，像會變色的天氣雞（濕度高時是粉紅色，乾燥時是藍色），還有平時較少紀念品店會售賣的天氣聖母像、天氣貓頭鷹、黑的葡國瓷雞等。即使不用去到遙遠的葡萄牙，也能在這裡買到令人愛不釋手的葡國紀念品。

| DATA |

🏠 澳門東望洋街 18 號華豐大廈地下 🚌 2、2A、5、7、7A、8、9、9A、12、16、22、25、25X（水坑尾街站下車，步行約 5 分鐘），或 2、4、7、18A、19 號公車（水坑尾／方圓廣場站下車，步行約 3 分鐘），或 2A、7A、8、8A、9、9A、12、18、22、25 號公車（水坑尾／公共行政大樓站下車，步行約 3 分鐘）🕐 12:00 ～ 19:00

婆仔屋 C
葡式風格的文創空間

這幢超過百年歷史的葡式建築，在日本侵華期間為收留窮人和難民的地方，亦有人說這裡曾是住滿了婆婆的老人院，因而被稱為「婆仔屋」。後來成為文化創意空間，是不少藝術表演、展覽的場所。

| DATA |

🏠 澳門瘋堂斜巷 8 號 🚌 2、2A、5、9、9A、12、16、22、25、25X、28C 公車（盧廉若公園站下車，步行約 5 分鐘）🕐 12:00 ～ 19:30 🈺 週一 💲 免費

盧廉若公園 D
彷彿置身在蘇州庭園

盧廉若公園屬於富商盧華紹（盧九），其長子盧廉若建成庭園，後來被政府收購，所以，又稱為盧九公園或盧廉若公園。它是一座充滿蘇州典雅風格的庭園，亭台樓閣，小橋流水，石林處處，中心還有美麗的池塘和著名的九曲橋，在夏天池塘開滿荷花，荷塘美景更是迷人。

| DATA |

🏠 羅利老馬路 🚌 2、2A、5、9、9A、12、16、22、25、25X、28C 公車（盧廉若公園站下車，步行約 2 分鐘）🕐 06:00 ～ 21:00

澳門茶文化館 Ⓔ
正統的澳門茶文化

　　茶文化是中國傳統寶貴的文化底蘊，在這間茶文化館裡，你可以看到澳門的茶文化，還有中西茶文化的發展，喜歡品茗的朋友不容錯過！

| DATA |

🏠 澳門荷蘭園大馬路盧廉若公園　🚌 2、2A、5、9、9A、12、16、22、25、25X、28C 公車（盧廉若公園站下車，步行約 2 分鐘）⏰ 09:00 ～ 19:00　🈺 週一　💲 免費

國父紀念館 Ⓕ
詳細記載國父的生平事蹟

　　這是孫中山先生家人的住所，詳細介紹了國父的生平事蹟，還有孫中山先生在澳門行醫時所用的家具和物品。

| DATA |

🏠 澳門文第士街 1 號　🚌 2、2A、5、9、9A、12、16、22、25、25X、28C 公車（盧廉若公園站下車，步行約 2 分鐘）⏰ 10:00 ～ 17:00　🈺 週二　💲 免費

二龍喉公園及松山登山纜車 Ⓖ
猶如一座小型動植物園

　　前身為澳督官邸，後來庭院開放讓公眾參觀，並改建成公園。公園裡有多種動植物，如猴了、魚類、龜等，更飼養了深受澳門居民喜愛、已在澳門居住多年的黑熊──寶寶。在公園入口有登山纜車，若想到松山參觀，很推薦以纜車代步，因為費用便宜，單程 $2，來回也只要 $3，便可省卻不少腳力。

| DATA |

🏠 士多鳥拜斯大馬路　🚌 2、2A、6A、12、17、18、18A、19、22、23、25、25X、32 公車（二龍喉公園站下車，步行約 1 分鐘）⏰ 06:00 ～ 20:30；纜車：08:00 ～ 18:00　🈺 纜車週一休息

星越居貞記
受歡迎的新加坡料理

　　要在澳門吃到美味的新加坡料理，十分推薦位於雀仔園的星越居貞記，店面雖小，而且主要以外帶方式為主，但卻非常受歡迎。以不算貴的價錢，就能品嘗到充滿新加坡風味的叻沙、海南雞飯等著名菜式！不過因為太受歡迎，在用餐時間要有排隊的心理準備喔！

| DATA |
🏠 荷蘭園雀仔園羅憲新街 5 號 A 地下
🚌 2、2A、5、7、7A、8、9、9A、12、16、22、25、25X（水坑尾站下車，步行約 5 分鐘），或 2、4、7、18A、19 號公車（水坑尾／方圓廣場站下車，步行約 5 分鐘），或 2A、7A、8，8A、9、9A、12、18、22、25 號公車（水坑尾／公共行政大樓站下車，步行約 5 分鐘）
🕐 11:30 ～ 22:00

Best 1

約 $ 38　🍴 ★★★★☆　CP ★★★☆☆

娘惹叻沙檬

　　用料有魚丸、魚片、豆腐卜、蝦等，用料雖然簡單，但是椰香十足！麵條爽口，魚丸彈牙，只是辣度稍高，不太適合怕辣的朋友。

Best 2　約 $ 45　🍴 ★★★☆☆　CP ★★★☆☆

海南雞飯

　　跟一般海南雞飯相比，飯粒比較乾身，並不油膩。雞肉口感不錯，配合米飯很有新加坡風情，點上特製醬料品嘗更有風味！

Best 3　約 $ 13　🍴 ★★★★☆　CP ★★★☆☆

綠豆爽

　　綠豆清香，椰汁幼滑，兩者配合起來，有着很清新的感覺！而且甜度適中，解渴怡人，在夏天時來一客冰凍清新的綠豆爽，實在是賞心樂事！

潮豐麵家
本地人的最愛

Best 1

約 $ **11**

🍜 ★★★★☆
CP ★★★★★

雀仔園是平民小吃的集中地，食物便宜，分量又足，就像這家潮豐麵家，光顧的以本地人為主，座無虛席，原因很簡單，就是因為價廉物美。炒出來的粉麵鑊氣十足，作為招牌菜式的炒鴛鴦或銀芽炒麵，也是只售十幾元，還有多款粥品可供選擇，雖然店面不大，座位也不舒適，但勝在夠大眾化，如果想體驗澳門居民道地的飲食文化，到這裡吃早餐是個不錯的選擇！

炒鴛鴦

炒鴛鴦即是炒麵加炒河粉。銀芽炒麵是潮豐的招牌菜，他們的炒麵是出了名地有鑊氣，所以特別香。炒麵香，炒河粉滑，兩種口感混合一起，配搭得天衣無縫，這道美味又特別的美食只賣 $11，又地道好吃又便宜。

Best 2

約 $ **20**

🍜 ★★★★☆
CP ★★★☆☆

艇仔粥

艇仔粥是荔灣名產，是廣東粥的其中一款，用料豐富，有豬油渣、魚片、魷魚、豬肚等，再點綴幾粒花生，更添香味，是很有廣東風情的一道粥品。

| DATA |
🏠 柯高街 32 號
🚌 2、4、7、18A、19 號公車（水坑尾／方圓廣場站下車，步行約 5 分鐘），或 2A、7A、8、8A、9、9A、12、18、22、25 號公車（水坑尾／公共行政大樓站下車，步行約 5 分鐘）

松苑麵食
料多實在的大滿足

對松苑最深的印象，是他們用料十足的雲吞，雲吞很大粒很飽滿，豬肉和蝦肉的分量也很足。它的蛋茶也一樣好吃，值得推薦。

| DATA |
🏠 厚望街 17～19 號（盧廉若花園對面）
🚌 2、2A、5、9、9A、12、16、22、25、25X、28C 公車（盧廉若公園站下車，步行約 5 分鐘）
⏰ 12:30～01:15

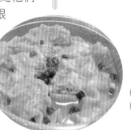

Best 1

約 $ **21**

🍜 ★★★☆☆
CP ★★☆☆☆

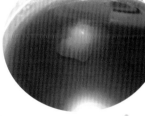

Best 2

約 $ **15**

🍜 ★★★★☆
CP ★★★☆☆

雲吞麵

雖是豬肉和鮮蝦的配搭，味道還是很鮮美，但用料不像從前豐富，覺得一碗21元實在貴了一點。

桑寄生蛋茶

蛋茶是指把雞蛋放在以桑寄生製成的涼茶，讓涼茶的香味慢慢滲進蛋裡。涼茶感覺很清潤，喝著很舒服，蛋滲入了涼茶的味道也很好，兩者配搭得非常好。

張姐記食坊
澳門美食節目也大力介紹

張姐記是一間很有特色的食店，他們的小吃堅持自家製作，全都很有家鄉風味，而且價廉物美，是我很推薦的一間餐廳。兩個人去吃下午茶，點兩樣點心、一碗粥或甜品，不到 20 元，便可吃得很滿足了。他們的糕點和糖水都很出色，有各式家鄉點心，如豆沙角、白田、薄罉、雞屎藤、蝴蝶餅等，道地而價廉物美，澳門電視台的美食節目也曾介紹過呢！

| DATA |

📍 柯高街 30 號（雀仔園街市附近）

🚌 2、4、7、18A、19 號公車（水坑尾／方圓廣場站下車，步行約 5 分鐘），或 2A、7A、8、8A、9、9A、12、18、22、25 號公車（水坑尾／公共行政大樓站下車，步行約 5 分鐘）

⏰ 06:30 ～ 18:30

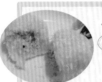

Best 1　約 $5
★★★★★
CP ★★★★☆

糯米糍
花生和椰絲很香，外皮很 Q，吃起來口感十足，推薦！

Best 2　約 $17
★★★★☆
CP ★★★☆☆

花生柴魚豬骨粥
風味濃，味道鮮，用料豐富，有柴魚、花生、淡菜、豬骨、粥底很鮮甜，好吃！

Best 3　約 $5
★★★★☆
CP ★★★☆☆

白田
因為用蕉葉包著，QQ 的糯米外皮帶著絲絲樹葉的香味，內餡是口感柔軟細膩，甜度適中的紅豆，不錯！

Best 4　約 $5
★★★☆☆
CP ★★★☆☆

雞屎藤
別看這名字好像很奇怪，其實這是一款用山草藥製成，有清毒解熱療效的特色家鄉糕點。雞屎藤是新會的名產，當地人喜歡把它製成糕餅。張姐記的雞屎藤餅真材實料，能吃出淡淡的藥草香味，也是很健康的一道小食。

Best 5　約 $5
★★★☆☆
CP ★★★☆☆

西米蓋
外層是一粒粒軟滑的西米，放進口中口感很好，再咬下去，是散發著清香的奶黃內餡，值得一試。

Best 6　約 $6
★★★★☆
CP ★★★★☆

紅豆糕
真材實料，能吃到一粒粒飽滿的紅豆，糕點並不太甜，散發著紅豆的天然香味。

石䃫

 Best 7 約 $ 4

★★★☆☆
CP ★★★☆☆

石䃫其實和餃子差不多，因其外型像石䃫而得名，但它的外皮較硬較厚，餡料以碎肉和花生為主，鹹鹹香香，非常有風味。

清邁美食
澳門人都説讚的美味料理

雀仔園區是泰國人聚居之地，泰國餐廳也特別多。想吃價錢平民化一點的泰國美食，很推薦這家隱沒在一條橫街裡的清邁美食。這家食店由泰國人主理，提供的菜式類型不多，有海南雞飯、海南雞脾飯、豬肉湯粉、雞肉湯粉、酸辣湯粉、醃鳳爪、醃粉絲、椰青大菜糕等，但味道好，價錢也合理，上菜速度亦很快。他們最著名的是海南雞飯，很多澳門人吃

過都大力推薦！

| DATA |

🏠 巴冷登街 10B 地下

🚌 2、4、7、18A、19 號公車（水坑尾／方圓廣場站下車，步行約 5 分鐘），或 2A、7A、8、8A、9、9A、12、18、22、25 號公車（水坑尾／公共行政大樓站下車，步行約 5 分鐘）

⏰ 08:30 ～ 15:00，18:00 ～ 22:30

Best 1

約 $ 47

★★★★★
CP ★★★☆☆

海南雞脾（雞腿）飯

飯粒都滲著雞湯的香味，非常美味！雞肉鮮美，肉質瘦，十分健康，喜歡辣的朋友也可以蘸蘸那香辣的醬料，更是惹味，再配上清爽的青瓜，清新的冬瓜湯，絕對滿分！

Best 2

約 $ 35

★★★★☆
CP ★★★☆☆

豬肉湯粉

滑溜的湯粉配合芽菜，口味清新，再加點碎肉，非常好吃，只是豬肉較老，扣了一點分數。

椰青大菜糕

Best 3

約 $ 21

★★★★★
CP ★★★☆☆

這是在澳門很少能吃到的泰國特色甜品，在少數泰國餐廳才有售賣，且價錢不便宜，但清邁的卻是價廉物美！滑溜的大菜糕，配合清甜的椰青，十分清新可口，而且口感特別。價錢只是和莫義記的大菜糕差不多，但分量卻遠遠優勝，很受歡迎，經常看到有客人外帶幾盒請朋友享用。

禮記雪糕
回到童年時光的綿密滋味

隨著社會發展，很多冰室已轉型為茶餐廳，現在剩下的為數已經不多，但禮記雪糕依然屹立不倒，這裡最吸引客人的，不只是美味的雪糕（冰淇淋），還有那種充滿懷舊情懷的風味。置身其中，彷彿穿梭時空隧道一樣，令人不禁懷緬過去。冰室外面是車輛飛馳的馬路，裡面卻是一桌一椅都有著悠久歷史的古老陳設，只是一牆之隔，卻儼然兩個世界，在這環境裡用餐，實在特別難忘。

| DATA |
- 荷蘭園大馬路 12～12A
- 2、4、7、18A、19 號公車（水坑尾／方圓廣場站下車，步行約 5 分鐘），或 2A、7A、8、8A、9、9A、12、18、22、25 號公車（水坑尾／公共行政大樓站下車，步行約 5 分鐘）
- 12:30～19:00

 Best 3　約 $ **12**
★★★★☆
CP ★★★☆☆

雪糕三文治

雪糕三文治有 3 種味道，雪糕夾在威化餅中間十分特別，雪糕的香味滲進餅乾裡分外好吃！

 Best 1　約 $ **12**
★★★★★
CP ★★★☆☆

花生雪糕

花生味道的雪糕較為少見，很值得一試。花生味道香濃，而且雪糕非常幼滑，口感一流，是禮記的誠意之作。

 Best 4　約 $ **6**
★★★★★
CP ★★★☆☆

紅豆雪條

禮記的雪條比起其他店的口感更脆，不是只加上紅豆的味道和色素，而是採用真材實料的一粒粒紅豆，原汁原味，非常好吃！

雪糕紅豆冰

柔軟的紅豆、晶瑩的冰粒，再加上香滑的雪糕，非常好吃。還有一點不可不提的，就是用來盛裝紅豆冰的杯子。這種杯子有著悠久歷史，造型優雅而獨特。現在這種杯子在澳門已所剩無幾了。

 Best 2　約 $ **21**
★★★★☆
CP ★★★☆☆

 Best 5　約 $ **35**
★★★★☆
CP ★★★☆☆

香蕉船

以香蕉、雜果、冰淇淋和巧克力做成的香蕉船，材料豐富，色彩繽紛，賣相吸引，還沒放進口裡已聞到香蕉清香。冰淇淋又香又滑，配合多款水果，非常清新解渴，在炎炎夏日享用，真是説不出的享受！

禮記冰室仍保留著不少古舊的陳設，例如幾十年前和雪糕有關的玩具

上一輩的居民看到這種雪糕蓮花杯，一定會覺得很熟悉親切吧

連包裝紙也是一絲不苟地保留著傳統風味

想知道現在的物價比 50 年代貴了多少？看完這個 50 年代的雪糕價目表後，你或許會大吃一驚

傳統的卡位既舒適又有風情，是冰室裡最搶手的座位

玩家帶路指南

走進懷舊冰室的時光隧道

　　冰室是茶餐廳的前身，在上世紀 50、60 年代曾盛極一時。從前只有高級餐廳才會提供西式食物，但為了迎合普羅大眾的需要，開始出現了售賣廉價西餐的冰室，提供咖啡、奶茶、紅豆冰等飲品，及三明治、多士（吐司）等，有些冰室亦有自己的西餅工房，製作菠蘿包、蛋撻等西餅。

　　後來，為了令食物更多元化，冰室漸漸轉型為茶餐廳，也開始提供午飯及晚飯，甚至小菜。現在在澳門所餘的冰室並不多，像禮記、興記等，仍保留著昔日的裝潢，例如最常見的「卡位」（茶餐廳裡面對面的包廂座位），而禮記還仍用著已成骨董的器皿，連食物包裝也充滿懷舊氣息。

　　櫥窗裡展示了 50 年代的餐牌、雪糕車玩具、盛載雪糕的蓮花杯等。置身其中，有如走進時光隧道，重回 50 年代一樣，上一輩固然可以緬懷一番，新一代也可以藉此加深對昔日生活的了解。

仁伯爵綜合醫院（山頂醫院）大堂小食部
隱匿在醫院裡的熱門甜食

什麼？到醫院去吃美食？有沒有搞錯？沒錯，我沒有騙你，也絕不是惡作劇，就是去醫院吃囉！澳門人都知道，山頂醫院的雲石蛋糕和馬介休球是非常聞名的！他們的雲石蛋糕，就連前任澳門特首何厚鏵也很喜歡吃，每次都會訂幾盒送人的喔！除了雲石原味外，還有菠蘿（即鳳梨）、巧克力、芒果等可供選擇，他們還售賣春卷、焦糖雞蛋布丁等小吃呢！

| DATA |
- 若憲馬路仁伯爵綜合醫院大堂小食部
- 6A、6B、H1 公車（山頂醫院站下車，步行約 5 分鐘），或乘坐位於東望洋新街，東望洋藥房斜對面街口的電梯，按 3 字，到達後再過天橋，到達醫院的大堂，左轉走至盡頭

Best 1　約 $ 12
★★★★★
CP ★★★☆☆

雲石蛋糕

雖然一片十多元不算便宜，但蛋糕做得很香，牛油味不會很濃郁，咬下去非常鬆軟，感覺十分清新，絕不像市面很多好吃的蛋糕一樣那麼肥膩！蛋糕以一片片或一整條方式發售，也歡迎電話訂購。

Best 2　約 $ 5
★★★★☆
CP ★★★☆☆

馬介休球

山頂醫院小食部的馬介休球炸得很香很有水準，一咬下去，能看到裡面一絲絲細細的馬介休，配合薯蓉非常好吃！

Best 3　約 $ 12
★★★★☆
CP ★★★☆☆

芒果布丁

布丁不會太甜，能吃到豐富的一塊塊芒果肉，味道天然，真材實料，而且滑溜溜的口感很好！

玩家帶路指南

必吃的葡式風味小吃

在澳門可以嘗到很多葡式風味小吃，要吃葡式美食，當然立即會想到去葡國餐廳，但一般來說，這些餐廳的價格都較貴，若你的預算有限，又想嘗試葡國風味的話，很推薦到一些以售賣小吃為主的店鋪試試，像老地方、山頂醫院小食部等等。面對這麼多款式的小吃，或許你會眼花撩亂，不知從何試起，希望這篇文能幫助你鎖定目標吧！

焦糖雞蛋布丁：用雞蛋作主要材料，布丁又香又滑，充滿雞蛋香味，更特別的，是在布丁上淋上一層焦糖，一絲絲甜味令人愛不釋手。

馬介休球：馬介休又被稱為「葡國鹹魚」，即是被鹽醃過後的鱈魚，葡國人都喜歡把它混合馬鈴薯一起吃，像薯絲馬介休、馬介休球等，馬介休球是指把馬介休魚肉和馬鈴薯混合後再炸，吃的時候香香脆脆，十分好吃。

木糠布丁：當然，這布丁不是用木糠做成的，而是把馬里餅乾弄碎，撒在布丁上，做出像木糠一樣的效果，一粒粒的「木糠」，再加上香滑的奶油，口感很特別。

耶穌枕頭：是聖誕節限定食品，平日很少能吃到，用麵粉、雞蛋、蜂蜜、椰絲、杏仁碎等做成，因為形狀像枕頭，又是在聖誕節才能吃到，所以又稱為耶穌枕頭。

蛋黃糖：葡國節慶時會吃到的糖果，用雞蛋黃和鴨蛋黃做成，一粒小小的糖果工序繁複，需要準備兩三天才能完成。糖果散發著濃郁的蛋香味，既有特色又美味，十分值得嘗試。

牛油糕：這款小吃其實起源於印度，後來經葡國人改良，成為葡國小吃的代表之一，以麵粉、冰糖、牛油、杏仁、椰汁及牛奶為材料，再加上香濃的牛油做成。這款糕點較為油膩，膽固醇也較高，進食時需要小心。

葡式蛋撻：和一般蛋撻最不同之處在於那一層黑黑的焦糖，而且甜味也比一般蛋撻強烈，牛油香味濃郁。

三寶冰室
到懷舊冰室當一回文青

澳門的冰室已買少見少了，雖然這間三寶冰室只是開業不久，歷史不算悠久，可是裝潢卻充滿懷舊風情。走進店中，看到那些舊式的郵箱、海報、火水燈、鳥籠等，真的有種回到過去的感覺！這裡有多款特別的飲品，都是傳統冰室特有的，像白牛（雪碧加冰淇淋）、黑牛（可樂加冰淇淋）、金錢豹（奶油梳打芒果冰淇淋）等，更有這裡的招牌三寶——

土炮豬扒包、盞鬼西多士（即法式吐司），和芝士（即起司）汁豬頸肉煎蛋撈丁（拌出前一丁）！能在這麼有懷舊風情的冰室品嚐美食，實在太有文青的感覺了！

I DATA I
🏠 飛良紹街 5 號泉紹花園地下 E 鋪
🚌 2、2A、5、9、9A、25、25X、16 公車（盧廉若公園站下車，步行約 3 分鐘），或 18、18A、19、12 公車（得勝花園站下車，步行約 1 分鐘）
🕐 07:00～19:00
休 週二

Best 1
約 $ 16

★★★★☆
CP ★★★★☆

Best 2
約 $ 28
★★★★☆
CP ★★★★☆

土炮豬扒包

作為鎮店三寶的其中之一，這豬扒包當然不是一般的豬扒包啦！首先是賣相非常誘人，豬扒豪邁地夾在麵包中間，分量十足！豬扒煎得香，麵包又烘得香脆，不愧是這裡的招牌菜呢！

芝士汁午餐肉煎蛋撈丁

出前一丁在很多地方都能吃到，但要吃到這麼特別的芝士汁撈丁，就恐怕只有在這裡才能找到了。用的是店家特製的芝士汁，配合出前一丁，又香又滑、口感柔軟，再配上煎得香香的午餐肉和蛋，實在是太美味了！

Best 3　約 $ **29**　🍴★★★★☆
　　　　　　　　CP ★★★★☆

鮮牛肉牛尾湯螺絲粉

在很多茶餐廳吃到的都是西式湯的牛尾湯通粉，但在三寶卻能吃到比較特別的中式牛尾湯螺絲粉，味道非常清新鮮甜，一點也不油膩。螺絲粉浸了牛尾湯後特別入味好吃，牛肉口感也很鮮嫩，十分推薦！

南洋小食
口味新鮮，色彩繽紛

多款色彩繽紛，令人為之深深吸引的印尼糕點，每一件 5 元，以分量來説並不大，不算便宜，但勝在有特色又好吃。他們不時會推出新鮮款式，款式多得琳琅滿目，像斑蘭九層糕、斑蘭蛋糕、花生芝麻卷、豆撈、芒果黑糯米、印尼糯米雞、印尼白春卷、香蕉椰汁糕等等，眼花撩亂，一次是絕對吃不完的。

| DATA |
🏠 賈伯樂提督街 86 號 B 鋪（藥山對面）
🚌 17 公車（賈伯樂／沙嘉都喇下車，步行約 3 分鐘），或 2、2A、5、9、9A、12、16、22、25、25X、28C 公車（盧廉若公園站下車，步行約 5 分鐘）
⏰ 12:00 ～ 21:00

Best 1

約 $ **6**

🍴 ★★★★☆
CP ★★★☆☆

印尼白春卷

和我們常吃的春卷十分不同，因為它是不煎不炸的，十分健康，而且很有特色。口感帶點 Q 度的春卷皮，包著帶點清香的甘筍絲、蛋絲和肉碎，味道清淡卻鮮美！

Best 2

約 $ **6**

🍴 ★★★★☆
CP ★★★☆☆

斑蘭九層糕

斑蘭是印尼一種香草，九層糕則是把糕點製成多個層次，就像有九層一樣而得名。南洋小吃的斑蘭九層糕，斑蘭味夠特別，九層糕清香幼滑，味道清新，這是在其他印尼小吃店較難找到的。

芝麻花生卷

芝麻跟椰絲是絕佳的配搭，不單口感很好，而且也很好吃，不過味道較甜，較適合喜歡甜味的朋友。

Best 3　約 $ **6**
 ★★★★☆
CP ★★★☆☆

斑蘭蛋糕

同樣散發著斑蘭的清香，是口味很特別的一款蛋糕，只是 5 元只有一小片， 略嫌分量少了點。

Best 4　約 $ **6**
 ★★★★☆
CP ★★★☆☆

芒果蛋糕

蛋糕甜味不會太濃，帶著一絲絲芒果的香味，柔軟好吃。

Best 5　約 $ **6**
 ★★★★☆
CP ★★☆☆☆

豆撈

豆撈有點像擂沙湯丸，外面鋪滿了像木糠布丁裡的木糠，包著充滿香味的花生內餡，非常有風味和特色。

Best 6　約 $ **6**
 ★★★★☆
CP ★★★☆☆

Best 7　約 $ **6**
 ★★★★☆
CP ★★★☆☆

千層糕

這和中國式的千層糕有點不同，它是以牛油和肉桂粉做成，棕色和黃色相間的層層相疊，散發著很香濃的牛油味道，是印尼其中一款最具代表性而又百吃不厭的美味糕點！

Best 8　約 $ **6**
 ★★★★☆
CP ★★★☆☆

椰汁糯米雞

糯米雞包在蕉葉裡，散發著非常清新的香味，糯米口感很好，椰汁雞絲也很有風味，比中國的糯米雞多了一份清爽口感，十分美味！

Best 9　約 $ **6**
 ★★★★☆
CP ★★★☆☆

糯米糍

QQ 的糯米皮包著香軟的豆蓉，咬著很有口感。

麗湖軒酒家
色香味俱全的精緻佳肴

麗湖軒位於松山，需要走一段斜坡路，交通較不方便，可卻是我個人十分推薦的酒家，因為他們的點心價格合理，而且每款都很精緻美味，水準很高，隨意點一兩款也不會令你失望，加上用餐環境也很舒適，不會像很多酒樓一樣擁擠，在這裡可以完全享受到悠閒品茗的樂趣。建議先到二龍喉公園坐登山纜車上松山，遊覽完畢後再走一段下坡路，便會到達位於東望洋酒店裡的麗湖軒酒家。

| DATA |
🏠 東望洋澳門地厘古工程師馬路 1-5 號（東望洋酒店內）
🚌 17、28C 公車（粵華中學站下車，步行約 5 分鐘）
⏰ 07:00 ～ 22:00（點心只有早午餐供應）

Best 1

南瓜餅

約 $ **22**
★★★★★
CP ★★★☆☆

南瓜餅煎得很香，並不覺得油膩，不單散發著南瓜香味，更帶著一絲絲奶油的甜味。把南瓜搓進糯米粉裡，兩者很配搭很Q，口感特佳。

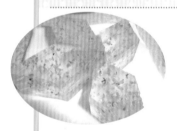

Best 2

桂花糕

約 $ **22**
★★★★★
CP ★★★☆☆

單單是晶瑩剔透的賣相已很吸引了。一咬下去口感滑溜，口裡充滿了陣陣清甜和桂花香味，令人久久回味，是另一道必吃之作！

節瓜甫

這是一道味道清淡又健康的點心，節瓜的天然清甜尤其突出，配合味道鮮味的蝦膠，節瓜柔軟，蝦肉清爽，口感和味道都非常好！

Best 3

約 $ **25**
★★★★☆
CP ★★★☆☆

鮑魚滑雞飯

通常在其他酒樓能吃到的都是北菇滑雞飯，鮑魚和滑雞是較新鮮的配搭。鮑魚和雞肉都很鮮美，兩者互相映襯下更是香味四溢。

Best 4

約 $ **38**
★★★★★
CP ★★★☆☆

潮州粉果

這種潮式點心在很多酒樓都能吃到。麗湖軒的潮州粉果的外皮厚度適中，餡料以豬肉、花生等等為主，口感多樣而風味獨特，值得一試。

 Best 5
約 $ **22**
⭐ ★★★★☆
CP ★★★☆☆

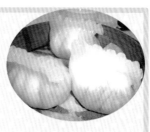

煎蝦米腸粉

腸粉煎得非常香，帶點Q度口感十足，配合甜醬、麻醬和醬油分外惹味。

 Best 6
約 $ **22**
⭐ ★★★★☆
CP ★★★☆☆

鳳爪排骨飯

這是很多酒樓都會提供的菜式，麗湖軒的鳳爪非常入味柔軟，排骨肉質嫩滑，在豉椒的配合下格外香噴噴。其他酒樓的鳳爪通常都偏向較油膩，排骨肉質偏肥，但麗湖軒的卻是味道和肥瘦都恰到好處，清新而容易入口，令人留下深刻印象。

 Best 7
約 $ **38**
⭐ ★★★★☆
CP ★★★☆☆

 Best 8

黑椒牛仔骨

約 $ **30**
⭐ ★★★★☆
CP ★★★☆☆

這是麗湖軒推出的新式點心，在其他酒樓較少能吃到。牛仔骨肉質鮮美柔軟，黑椒的味道香濃，通常在西餐才會出現的牛仔骨，竟成為了廣東式點心，感覺十分獨特，而且味道很好，帶來不少新鮮感和驚喜。

 Best 9

紫菜蟠龍卷

約 $ **25**
⭐ ★★★★☆
CP ★★★☆☆

有點像日本壽司，不過紫菜包著的並不是飯粒，而是非常鮮甜惹味的蝦肉，中間再放一點蟹柳，起了畫龍點睛之效，這道點心無論是賣相還是味道都十分吸引，可說是色香味俱全。

 Best 10

擂沙湯丸

約 $ **22**
⭐ ★★★★☆
CP ★★★☆☆

糯米搓成的外皮帶著QQ的感覺，內餡的芝麻磨得非常幼滑清香，甜度恰到好處，吃後口裡留香，令人愛不釋手。

6

水坑尾、雀仔園、荷蘭園

玫瑰咖啡室
在地人才知道的人情味

玫瑰咖啡室是一間懷舊的咖啡室，在此不僅能享受價廉物美的食物，更可體驗到古老樸實的風情，還有感受那濃濃的人情味。老闆娘為人親切，笑容滿面，每次光顧都有像回到家一樣的親切感，而且食物水準非常高，價格又便宜，尤其是澳門最具代表的美食——豬扒包，大力推薦一試！因為旅遊書較少介紹，光顧的遊客並不多，以本地人為主，但個人認為它的食物，價錢和服務態度都非常好，很值得向大家推薦。

| DATA |
🏠 士多鳥拜斯大馬路 23 號地下（交通部對面，國父紀念館旁，二龍喉公園附近）
🚌 2、2A、5、9、9A、25、25X、16 公車（盧廉若公園站下車，步行約 3 分鐘），或 18、18A、19、12 公車（得勝花園站下車，步行約 1 分鐘）
⏰ 07：00 ～ 18：00

豬扒包

Best 1

約 $ 17
味 ★★★★★
CP ★★★★★

在澳門賣豬扒包的地方很多，但玫瑰的是我吃過的豬扒包當中最好吃的！麵包做得相當出色，外皮又香又脆，麵包肉軟綿綿的，配上一塊薄薄的，煎得香香，醃得十分入味的豬扒，三者配搭起來口感非常特別，令人一試便立即愛上！而且更重要的，它比很多著名的豬扒包（通常要二十多元，有的更要 $30）更便宜更好吃，絕對是真正的價廉物美！

辣魚公仔麵

Best 2

約 $ 23
味 ★★★★★
CP ★★★★★

玫瑰咖啡採用了葡國老人牌的辣魚，即是沙甸魚，魚的骨和肉都很柔軟，可以連骨吃下，魚肉除了有一種鮮甜味道，還有一種特別的香味，估計是用一種特別的醬汁煮過的。魚帶點辣味，但又不會太辣，辣味沒有蓋過魚的鮮味，非常好吃！

番茄蛋白包

Best 3

約 $ 17
味 ★★★★☆
CP ★★★☆☆

這是在澳門的咖啡室或茶餐廳較少能吃到的美食，番茄配上蛋白，有益健康，絕不肥膩，配上外脆內軟的麵包，味道清新獨特，給人難忘印象。

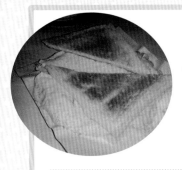

火腿蛋多士

Best 4

約 $ **17**

🍴 ★★★★☆
CP ★★★☆☆

通常在茶餐廳中吃到的都是火腿蛋治（即火腿蛋三明治），吃到多士（即吐司）的機會較少。玫瑰的多士烘得十分香脆，口感很好，絕不會比其他包類遜色。蛋煎得又香又滑，配合火腿和香脆的麵包，味道實在很讚！

咖哩魚蛋雞翼米

Best 5

約 $ **25**

🍴 ★★★★☆
CP ★★★☆☆

可以選擇配合米粉、生麵或公仔麵，但個人較推薦前者，因為滲滿了咖哩香味的米粉非常好吃，配合同樣香辣美味的魚蛋和雞翅，是一道值得一試的美食。

檸蜜

Best 6

約 $ **13**

🍴 ★★★★☆
CP ★★★☆☆

檸蜜是很多茶餐廳都會提供的一款飲品，做法是把檸檬片加進蜜糖裡。玫瑰的檸蜜用料十足，一喝下去可嘗到一陣陣檸檬清香，適度的酸味加上蜜糖分外可口，清新怡人。

玩家帶路指南

澳門奇景，全民皆「包」？

　　來到澳門，你一定會發現一個奇景，這兒是豬扒包，那兒也是豬扒包，到處都是豬扒包！連專門售賣上海包點和豬扒的店都在賣豬扒包！到底澳門的豬扒包有什麼迷人之處，令每個遊客都為之瘋狂？

　　當你吃澳門豬扒包時，有沒有發現跟香港的豬扒包很不同，麵包是特別鬆脆，特別好吃的呢！其實那是因為澳門採用的，是一種叫「豬仔包」的葡式麵包，這是香港很少有的喔！這種麵包非常香脆，口感十足，烤起來後外脆內

軟，這也是澳門豬扒包的致勝祕訣了！

　　澳門這麼多的豬扒包，應該怎樣挑選？有些人會崇尚名牌，到那家豬扒包店中最為聞名的店，不惜花 $30 大元，還要忍受排很久的隊，不過告訴你一個小提醒吧！其實不只這一間店，澳門很多食店的豬扒包都很有水準的，而且價錢便宜一半，又不需要排隊，像本書介紹的玫瑰咖啡室和金馬輪咖啡店，他們的豬扒包都是價廉物美，很值得推薦的！

高士德、三盞燈、新橋

想把各種地道美食和異國風味全都飽餐一頓？想吃盡澳門最價廉物美的美食？你一定不可以錯過高士德、新橋和三盞燈區！這裡不僅是澳門的小吃天堂，集合了多間高水準的食店，更是著名的東南亞美食中心！來到這裡最精采的節目，就是吃，吃，吃！來這裡掃一次街，保證你肚子滿載而回喔！

嘉路米耶圓形地
（三盞燈）
ROTUNDA
DE CARLOS DA MAIA

玩家 散步路線

消防博物館（約15分鐘）→義字街市集（約5分鐘）→紅街市（約3分鐘）→雅廉訪及美副將區

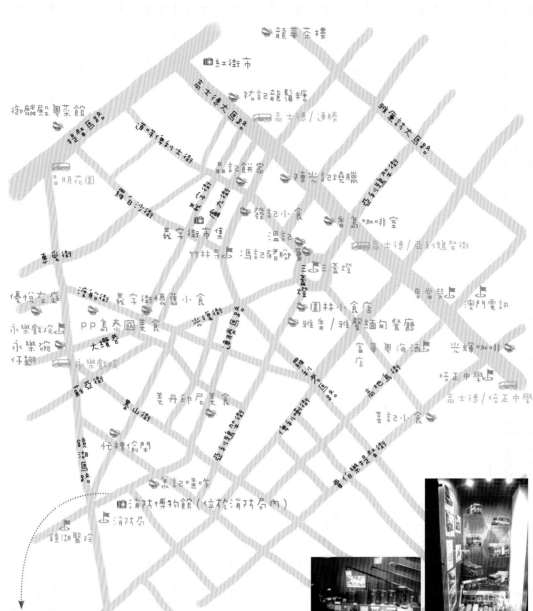

龍華茶樓
紅街市
哥士德大馬路
佑記龍鬚糖
高士德／連勝
雅廉訪大馬路
御麟殿粵菜館
提督馬路
荷蘭園正街
亞利鴉架街
昌明花園
晶記餅家
陳光記燒臘
羅白沙街
仁街
九街
發記小食
香島咖啡室
義字街市集
溫記
高士德／亞利鴉架街
竹林寺
馮記豬腳薑
三盞燈
惠愛街
麥當勞
渡船街
義字街懷舊小食
園林小食店
澳門電訊
優悅家庭
光復街
連勝馬路
雅香／雅馨緬甸餐廳
永樂戲院
PP島泰國美食
富華粵海酒店
光輝咖啡
永樂碗仔翅
大纜巷
永樂戲院
高地馬路
培正中學
蘇亞街
美丹印尼美食
黑山街
亞美打馬路
晶記小食
高士德／培正中學
鏡湖馬路
忙裡偷閒
渡記喳咋
消防博物館（位於消防局內）
消防局
鏡湖醫院

消防博物館
展示昔日的消防裝備

　　設於消防總部指揮大樓內，展品有 700 餘件，包括昔日至現今的消防裝備，如中國和英國製造的古老手搖水泵、英製消防車、消防帽及水靴、中國古式喉筆、報火警鐘、水井木牌、鉤梯、消防栓和消防員用的呼吸輔助器，還有詳盡的歷史資料、圖片等介紹，以及消防員的灰色禮服的展示。

| DATA |

🏠 澳門連勝馬路 2-6 號　🚌 8A、17、18、18A、19、26 公車（連勝／鏡湖醫院站下車，步行約 3 分鐘）　🕙 10:00 ～ 18:00，公眾假期照常開放　💲 免費

義字街市集 A
特色小市集尋寶趣

　　在三盞燈附近，街道兩旁有很多有特色的攤販，售賣衣服鞋襪、飾物精品、特色小吃等等，價廉物美，很受市民歡迎，行人如鯽，十分熱鬧，是血拼尋寶和體驗澳門居民生活風俗的好地方。

| DATA |

🏠 飛能便度街（生果街）及義字街一帶　🚌 5、9、9A、25、25X 公車（高士德／亞利雅架站下車，步行約 5 分鐘）

紅街市 B
唯一被列為澳門文物的街市

　　建於 1936 年，是澳門少數現存的傳統市場建築之一，也是唯一被列入澳門文物名錄的街市。擁有色彩鮮明奪目的紅色外牆，四個角落都設有美麗的角樓，整幢建築物充滿優雅的古典美。

| DATA |

🏠 高士德大馬路和提督馬路交界　🚌 6A、23、32 公車（高士德／街市站下車，步行約 2 分鐘），或 5、9、9A、25、25X 公車（高士德／亞利雅架站下車，步行約 7 分鐘）　⏰ 07:30 ～ 19:30

光輝咖啡
獨特撈麵，口齒留香

Best 1

約 $ **25**
🍴 ★★★★☆
CP ★★★☆☆

　　光輝看似一間平平無奇的普通咖啡室，然而，每次經過總是看到客滿，一位難求，而且客人都吃得津津有味。來到光輝，一定要試試他們的麵食！無論撈麵還是湯麵都十分有水準。麵食可配搭不同材料，如雞翅、魚蛋、香菇、豬扒、牛腩等等，客人可按自己口味挑選。它的撈麵尤其出色，特製的醬汁令人深深愛上。因為地方較小，客人眾多，建議早點來到，否則便只有外帶才能享用了。

豬扒撈麵

　　豬扒（即豬排）煎得很香，麵條彈牙，配上獨特的醬汁（圖中湯匙裡），撈起來十分好吃。

Best 2

約 $ **23**
🍴 ★★★★☆
CP ★★★☆☆

咖哩雞翼湯麵

　　咖哩濃而不辣，雞翅又香又惹味，吃完後那咖哩香味留在口中，令人久久回味。

| DATA |
🏠 賈伯樂提督街（寵物街）33 號 C（培正中學附近）
🚌 5、6A、9、9A、12、22、23、22、25、25X、28C、32 公車（高士德／培正站下車，步行約 2 分鐘）
🕐 06:30 ～ 18:00

喜記小食
老澳門人的共同回憶

Best 1

約 $ **5**
🍴 ★★★★★
CP ★★★★☆

　　喜記小食位於培正中學附近，每到放學時候都擠滿學生，很受歡迎。售賣的都是價格低廉又美味的小食，如雞蛋仔、夾餅等。不說不知，原來在那裡還可找到在澳門快要絕跡的傳統小吃——麥芽糖夾餅和砵仔糕呢！而且不單便宜，味道也非常好。老澳門人可以藉此懷舊一番，遊客也可以來品味一下澳門的地道飲食文化。

麥芽糖夾餅

　　這道小吃是不少澳門人的共同回憶，用竹籤捲上一團甜絲絲的麥芽糖，夾上兩塊蘇打餅乾，作法非常簡單。一絲絲甜入心扉的麥芽糖，慢慢在口中融化，令人吃得既滋味又滿足，麥芽糖夾在蘇打餅裡，淡淡的鹹香配合甜絲絲的味道，兩者竟出奇地搭。

Best 2

約 $ **3**
🍴 ★★★★☆
CP ★★★★☆

砵仔糕

　　砵仔糕有多種味道，包括最傳統的椰汁、紅豆，還有較創新的蜜瓜、巧克力、香芋等，外型細小，十分可愛，吃時有點 Q 度，椰汁味道清甜，紅豆口感實在，蜜瓜、巧克力、香芋等味道也充滿特色。

| DATA |
🏠 澳門賈伯樂提督街 41 號永聯大廈（N,O 座）地下
🚌 5、6A、9、9A、12、22、23、22、25、25X、28C、32 公車（高士德／培正站下車，步行約 2 分鐘）

雅香／雅馨緬甸餐廳
東南亞美食天堂

若想試試東南亞風味美食，就非要來三盞燈區不可了！這裡是緬甸華僑的集中地，也因此是喜歡緬甸美食者的天堂，其中不可不試的，當然是緬甸的麵食！椰汁雞麵、膠兜撈麵、魚湯粉，單單想想就已令人垂涎三尺了。在三盞燈區中，雅香是其中一間人氣最高的麵店，它還有一間姐妹店，是

同一位老闆的，叫雅馨，也是在三盞燈附近，雅香最著名的有膠兜撈麵、椰汁雞麵和魚湯粉。

| DATA |
🏠 三盞燈飛能便度街 27 號
🚍 5、9、9A、25、25X 公車（高士德／亞利鴉架街站下車，步行約 5 分鐘），或 7、7A、17、19 公車（連勝馬路／高士德站下車，步行約 5 分鐘）
⏰ 雅香：07:30～17:30；雅馨：10:00～19:30

Best 1

約 $ **25**

🍜 ★★★☆☆
CP ★★★☆☆

魚湯粉

用塘虱魚和香料煮成的湯非常鮮甜，很有風味的一道麵食，在香料的映襯下，魚湯很濃很香，脆脆的豆餅滲了湯後很好吃。

椰汁雞麵

曾吃過很多間食店的椰汁雞麵，雅香的是最有水準的，它的靈魂在於湯汁，雅香的汁是特別好吃的，辣味較輕，椰汁香味濃，油條滲滿了湯汁後非常入味好吃，吃後會有齒頰留香的感覺，非常值得推薦。

Best 2　約 $ **25**

🍜 ★★★★★
CP ★★★☆☆

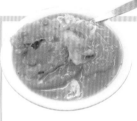

Best 3

約 $ **25**

🍜 ★★★★☆
CP ★★★☆☆

膠兜雞絲撈麵

這一款麵食由老闆獨創。麵條採用油麵，充滿幼滑的口感和風味，放在膠兜裡加入醬油。醬油很香，但又不會很濃很多，喜歡辣的朋友，更可以加上附送的風味辣醬。吃完後不會像其他食店那樣碟上留下一點點油，美味而清新。

甜薄餅

雖然只是簡簡單單兩片薄餅，但卻煎得很香，灑上一些砂糖更是好吃，香香甜甜的令人難忘，除了砂糖以外，還可以配合奶油食用。

Best 4　約 $ **24**

🍜 ★★★★★
CP ★★★☆☆

Best 5　約 $ **13** 🍜 ★★★★☆
CP ★★★☆☆

黑豆漿

豆漿不會太甜，突顯了豆的天然香味，而且健康有益，配合麵食一起，便是一份令人滿足的早餐或下午茶了。

咖哩雞撈生筋麵（士汁）

Best 6

約 $ **28**

🍴 ★★★★☆
CP ★★★☆☆

這是餐牌上沒有的特別菜式，多數只是熟客才懂得點，下次去雅香不妨試試。麵的口感Q度較高，味道跟撈油麵差不多，口感特別的麵條，配合咖哩雞吃，不會太辣，雞肉很滑也很香，十分讚！

馬拉盞撈麵

Best 7

約 $ **28**

🍴 ★★★★☆
CP ★★★☆☆

所謂馬拉盞，其實是類似我們的蝦醬，常用於東南亞菜式裡，可以用來炒菜、撈麵等。雅香的馬拉盞撈麵用料很足，馬拉盞香氣四溢，充滿了蝦的鮮味，油麵也很滑溜，兩者配搭得天衣無縫。

陳光記燒臘
皮脆肉香，雞鴨隨你拼

Best 1

約 $ **32**

🍴 ★★★★★
CP ★★★☆☆

要數澳門著名的燒臘店，相信很多人都會立即想到陳光記。這裡的燒臘之所以特別好吃，是因為他們特製的醬汁，不單最馳名的黑椒鴨，他們的其他燒臘，像叉燒、燒鵝、燒肉等等，全都很受客人歡迎。總店因為鄰近旅遊區，所以人流較多，想吃得舒服一點，可以選擇他們在高士德的分店，從三盞燈走過去約 5 分鐘左右，吃完緬甸麵後再來試試美味的燒臘，也是不錯的選擇呢！

黑椒鴨瀨粉

這是陳光記最著名的招牌菜，來此光顧若不試試的話，就真的如入寶山空手而回了！這道美食的靈魂在於那惹味的醬汁。一打開盒子，黑椒的香味已撲鼻而來。先來試試瀨粉，用鴨殼熬製的湯底浸過後，分外香滑入味。黑椒鴨的肉質較瘦又不失鮮美，相比起鵝肉較健康，還有，千萬別錯過那滲了醬汁後分外美味的燒鴨皮喔！

| DATA |

總店
🏠 羅保博士街 19 號
🚌 3、3A、5、7、8A、10、10A、11、21A、26A、33 公車（中區／殷皇子馬路站下車，步行約 3 分鐘）

分店
🏠 高士德大馬路 71 號
🚌 5、9、9A、25、25X 公車（高士德／亞利雅架站下車，步行約 3 分鐘）
⏰ 09:30 ～ 22:30

玩家帶路指南

廣東人的心頭好——燒臘

記得在上世紀 70、80 年代，有一首幾乎人人都能琅琅上口的廣告歌，歌詞是這樣的：「斬料，斬料，斬大舊（即大塊）叉燒，油雞滷味樣樣都要，斬大舊叉燒……」，廣東人真的很喜歡吃燒臘，款式五花八門，叉燒、油雞、白切雞、燒鴨、燒鵝、燒肉……這些

不單是很多酒樓茶樓不可缺少的美食，更在家常飯菜中擔當重要角色。很多家庭主婦，當沒有空做菜，又或是遇上大節日時，都會到燒臘檔買些燒味。檔主會把掛在鉤子上的，肥美誘人的燒臘，俐落地拿下來手起刀落開始「斬料」。燒臘檔大多集中在市場附近，大家不妨去逛逛，試試這些美味燒臘，感受一下這種傳統的廣東式飲食文化吧！

香島咖啡室
保留 40 年風味不變的咖啡室

香島是一間道地的咖啡室，已有 40 多年歷史，來光顧的大多是本地人。客人都以來吃早餐為主，他們的牛尾湯通粉十分好吃，奶茶也很著名，值得一試。這裡的裝潢古樸，很有懷舊風情，保留了傳統的吊扇和卡位。食物看似平凡簡單，但卻難得地保持著多年來的美味，在這裡享受一頓別具風情的早餐也很不錯呢！

I DATA I
- 🏠 亞利雅架街 2 號
- 🚌 5、9、9A、25、25X 公車（高士德／亞利雅架站下車，步行約 2 分鐘）
- ⏰ 07:00 ～ 18:00

Best 1　約 $ **37**　★★★★☆　CP ★★★☆☆

公司牛尾湯通粉

在港澳的茶餐廳的餐牌，常看到「公司」這個字眼，「公司」即是綜合，包括多種材料。香島的公司通粉有太陽蛋、火腿、午餐肉、叉燒等豐富材料，最特別之處是以牛尾湯作湯底，他們的牛尾湯較偏向中式，但也會加上番茄，風味頗佳又不會酸，滲滿湯汁後通粉更是美味，是香島的鎮店三寶之一。

Best 2　約 $ **16**

★★★★☆　CP ★★★☆☆

辣魚包

香島的辣魚包是把原條的辣魚夾進豬仔包裡，辣魚味道十分鮮美，辣度適中容易入口，與豬仔包非常搭配，好吃！

Best 3　約 $ **13**
★★★★☆　CP ★★★☆☆

奶茶

香島的奶茶是很著名的，也是他們的鎮店三寶之一。茶和奶味都十分香濃，而且非常幼滑。建議不要加太多糖，以品嘗奶茶的天然味道。

溫記
幼滑美味的茶果湯

三盞燈附近的飛能便度街，澳門居民稱之為「生果街」，是個小吃天堂，那裡雲集了很多風味小吃攤檔，其中溫記以售賣糖水為主，還有一款傳統中山小吃──茶果湯，風味獨特懷舊，而且在澳門可以吃到的地方真的不多。來三盞燈吃緬甸麵之餘，不妨也來溫記，試一試它美味又有風味的茶果湯吧！

I DATA I
- 🏠 飛能便度街攤檔（位置接近三盞燈，在馮記豬腳薑的攤檔後面）
- 🚌 5、9、9A、25、25X 公車（高士德／亞利雅架站下車，步行約 3 分鐘）

Best 1　約 $ **12**
★★★★☆　CP ★★★☆☆

茶果湯

茶果湯就是以麵粉所搓的粉條，再加上湯底，然後配上碎肉、酸辣菜脯等享用的小吃，雖然材料簡單，但溫記的茶果湯，粉條做得特別幼滑好吃，吃進口裡感到滑溜溜的，配合碎肉和惹味的湯底，更顯得風味十足，值得一試！

園林小食店
麵條 Q 彈，湯頭鮮甜

三盞燈區有很多水準一流又價格合理的麵店，園林便是其中之一。這裡的麵條口感一流，而且十分有特色，早餐時間常會看到座無虛席，還有人排隊買外帶的情景，可見其受歡迎程度。這裡受歡迎的麵食有生牛肉河粉、咖哩雞翼麵／米粉、豬扒麵等等，還有好吃的甜品海帶綠豆沙及粟米西米露。

| DATA |

🏠 三盞燈飛能便度街 25 號 B
🚍 5、9、9A、25、25X 公車（高士德／亞利雅架街站下車，步行約 3 分鐘）
🕐 07:30 ～ 20:30

Best 1

約 $ **23**

🍴 ★★★★★
CP ★★★☆☆

生牛肉河粉

這道美食的最大特色，是把原本是生的牛肉放在滾燙燙的麵湯裡，利用湯的熱力把它灼熟，因為灼的時間很短，牛肉既不會生，也不會因為煮得太久而變老，保留著非常鮮美的味道。而且湯底亦十分鮮甜，再配上滑溜溜的河粉，味道一流！

Best 2

約 $ **23**

🍴 ★★★★☆
CP ★★★☆☆

咖哩雞翼米粉

咖哩味道非常香濃，看似滿是辣油的湯底並非像中那麼辣，很容易入口，雞翅煮得肉質嫩滑柔軟又入味，配合香濃的咖哩非常好吃！

發記小食
多層次口感的香滑芝麻

發記是新橋區一間不太起眼的糕點店鋪，較少遊客光顧，但很受街坊歡迎，主要原因是這裡的糕點又有懷舊風味，味道又好，而且還非常便宜！這裡最受歡迎的食品，是在澳門差不多已絕跡的懷舊小吃芝麻卷，另外還有用料豐富、分量十足的紅豆糕、金黃色賣相吸引的鬆糕、外表像棉花糖一樣的白糖糕，這些誘人的糕點一個都只要 $4，又怎會不令人心動？

| DATA |

🏠 連勝馬路 74 號 B
🚍 7、7A、17、19公車（連勝馬路／高士德站下車，步行約 1 分鐘）
🕐 07:30 ～ 17:30

Best 1

約 $ **4**

🍴 ★★★★★
CP ★★★★★

芝麻卷

雖然黑黑的賣相不算吸引，可是芝麻卷又香又滑，能吃出一層層的層次感，非常美味！這種美食在澳門已很難吃到了，所以在吃時會倍加用心品嘗。

Best 2

約 $ **4**

🍴 ★★★★☆
CP ★★★☆☆

白糖糕

白糖糕做得十分幼滑清香，並不會酸，而且口感很好，分量又足，實在價廉物美。

優悅友庭
澳門唯一的俄羅斯料理餐廳

澳門集合了多個國家的餐廳，但說到俄羅斯料理，這間絕對是僅此一家！除了菜式口味正宗，餐廳的布置也份外用心，充滿俄羅斯風情的擺設、圖畫，還有旋律優美的俄羅斯樂曲，真的令人有如置身在俄羅斯一樣。餐廳提供多款俄羅斯招牌菜式，如最廣為人知的羅宋湯、基輔炸雞卷、紅菜頭燉牛肉、俄式酸凍魚、俄式燴藍青口等，喜歡特色料理的朋友絕對不能錯過！

| DATA |
🏠 澳門渡船街 78 號華森閣地下 A 鋪
🚌 8、8A、26 號公車（永樂戲院站下車，步行約 5 分鐘）
⏰ 11:00 ～ 23:00

Best 1　約 $ 120　味 ★★★★★
CP ★★★☆☆

紅菜頭燉牛仔肉

紅菜頭是俄羅斯菜常用的一種紅色蔬菜，口感清爽，配合燉得柔軟入味的牛肉，再加上馬鈴薯、紅蘿蔔等配料，構成非常令人難忘的美味。牛肉就像在口中化開，充滿了豐富的肉汁，又是一道令人欲罷不能的佳肴！

忙裡偷閒
猶如置身迪士尼世界

這是一間以迪士尼角色為主題的食店，在這裡用餐，除了是舌頭的享受外，更是眼睛的享受。客人可以一邊享用有特色又美味的食物，一邊欣賞店主珍藏的迪士尼角色擺設。這裡的收藏令人目不暇給，迪士尼的粉絲來到，一定會無比興奮！記得帶備相機，拍下那些可愛又精緻的精品。當然，除了環境以外，食物的質素也是很重要的。在忙裡偷閒的美食當中，有兩款是較有特色而又美味，特別想向大家推薦的，就是四色厚吐司和岩燒牛奶千層糕。

| DATA |
🏠 新橋嘉野度將軍街 3 號地鋪
🚌 7、7A、17、19 公車（連勝馬路／高士德站下車，步行約 2 分鐘）
⏰ 週一～四 12:00 ～ 02:00，週五～日 12:00 ～ 03:00

Best 1
約 $ 25
味 ★★★★☆
CP ★★★☆☆

四色厚吐司

有藍莓、花生醬、果醬、奶油 4 種口味，又香又脆，十分獨特，分量足而味道豐富，令人吃得非常滿足。

Best 2
約 $ 25
味 ★★★★☆
CP ★★★☆☆

岩燒牛奶千層糕（TIRAMISU 味）

雖然一小片要二十多元，但仍覺得是物有所值，因為真的非常好吃！味道很有層次感，口感也很特別，像冰淇淋在口中融化的感覺。TIRAMISU 香味很濃，還有另一款芒果口味，大家也可以試試。

PP 島泰國美食
親民路線價格的滿分套餐

澳門的泰國食店很多，但我卻向大家大力推薦價廉物美的 PP 島。他們的菜式很有泰國風味，當中以燒豬頸肉最受歡迎，而更重要的，是他們走的是平民大眾路線，收費十分合理，例如一頓豐富的豬頸肉套餐，連同用料十足的湯和炒雜菜，才只需要 $42（其實他們已加價了，從前還只賣 $30 多呢！不過加了價後依然算是便宜），很多上班族都愛到那兒享用午餐，不過需要注意的是，他們的優惠餐只在週一～五的中午時間供應喔！

I DATA I
🏠 新橋渡船街 32 號 A 地下
🚌 8、8A 公車（渡船街／婦聯站下車，步行約 2 分鐘）
⏰ 12:30 ～ 21:30

燒豬頸肉套餐
（包括燒豬頸肉連白飯，炒雜菜及紫菜豆腐湯）

Best 1
約 $ **48**
⭐⭐⭐⭐⭐
CP ⭐⭐⭐⭐☆

曾吃過不少泰國餐廳的燒豬頸肉，卻唯獨最愛 PP 島的。他們的燒頸肉是用蜜糖燒的，所以非常香甜，風味十足，而且肉質嫩滑，令人深深愛上。另外，炒雜菜用料也很豐富，包括了椰菜、菜心、椰菜花、西蘭花、草菇、紅蘿蔔等，就連例湯（每日一湯）也是材料十足——紫菜、豆腐、椰菜、碎肉、香芹等等。無論以分量或味道而言，這一個套餐都是滿分！

Best 2　約 $ **40**
⭐⭐⭐⭐☆
CP ⭐⭐⭐☆☆

拋塔肉碎飯套餐

碎肉配搭煎蛋，非常有泰國風味，碎肉帶著點微微的辣味，容易入口，雖然分量不及燒豬頸肉套餐，但味道也是很好，很值得一試。

永樂碗仔翅
澳門首創，風靡街坊

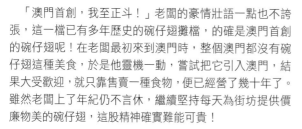

Best 1
約 $ **9**
★★★★★
CP ★★★★★

「澳門首創，我至正斗！」老闆的豪情壯語一點也不誇張，這一檔已有多年歷史的碗仔翅攤檔的，的確是澳門首創的碗仔翅呢！在老闆最初來到澳門時，整個澳門都沒有碗仔翅這種美食，於是他靈機一動，嘗試把它引入澳門，結果大受歡迎，就只靠售賣一種食物，便已經營了幾十年了。雖然老闆上了年紀仍不言休，繼續堅持每天為街坊提供價廉物美的碗仔翅，這股精神確實難能可貴！

碗仔翅

一打開碗子，已能聞到非常香的味道。雞絲翅用料雖然簡單，但卻是分量十足，雞絲又瘦又鮮美，再配上嫩滑的蛋花和粉絲，口感豐富，而且絕不肥膩，有益健康，只售 $9 絕對是物超所值！

| DATA |
- 新橋大纜巷永樂戲院旁
- 8、8A、26 公車（永樂戲院站下車，步行約 1 分鐘）

 玩家帶路指南

碗仔翅真的是翅嗎？

一碗碗仔翅只售 $10 左右，當然不可能是真正的翅了，雖然價錢遠遠及不上真貨，可是這種小吃的美味卻絲毫不會遜色喔！所謂碗仔翅，其實是用上雞絲和粉絲作為主要材料，再撒上一些雞蛋，做成蛋花，造出仿如魚翅一樣，根根幼滑的口感，而且雞肉味道鮮美，有些人吃時還會加上些醋，酸酸鹹鹹的。以吃碗仔翅代替吃魚翅，一來可以保護鯊魚，二來又價廉物美，可謂一舉兩得呢！

晶記餅家
金黃色的香脆酥餅

晶記是一間老餅店，主要售賣中式糕餅，如金錢餅、雞蛋餅、蛋卷、鳳凰卷等等。雖然價錢不算便宜，但卻很受歡迎。很多人都愛潘榮記的金錢餅，其實除了潘榮記外，晶記的也有很多水準，其他糕餅也是十分可口，全都很值得嘗試的。

Best 1
約 $ **23** 1 包
★★★★☆
CP ★★★☆☆

金錢餅

晶記的金錢餅又香又脆，散發著牛油香味，而且金黃色的賣相也很吸引。

| DATA |
- 新橋盧九街 1 號 A 地下
- 7、7A、17、19 公車（連勝馬路／高士德站下車，步行 3 分鐘）
- 07:30 ～ 19:30

Best 2
約 $ **23** 1 包
★★★★☆
CP ★★★☆☆

鳳凰卷

有多款口味可供選擇，較受歡迎的有肉鬆和椰絲芝麻味道，其中比較推薦後者，蛋卷外皮香脆，椰絲配合芝麻也十分美味！

義字街懷舊小食檔
花小錢就能嘗到多樣美食

想吃遍一個地方的美食，我很推薦大家去一些售賣當地傳統美食的攤檔試試，因為，這些傳統美食不單有風味又便宜，而且也是一個讓大家了解當地歷史文化的好途徑呢！就像位於新橋義字街，這個由一位很和藹的伯伯經營的無名小吃攤，就擁有很多懷舊風味美食，像砵仔糕、茶果、芝麻糕等等，全都非常有特色，而且非常便宜喔！才花十幾二十塊錢，就能試到多款美食，吃得滿足之餘，又能加深對澳門傳統飲食文化的了解。

| DATA |
🏠 義字街盡頭，位於來來電器對面，偉記百貨斜對面
🚌 7、7A、17、19 公車（連勝馬路站下車，步行 3 分鐘）

砵仔糕
Best 1　約 $ 2
★★★★★
CP ★★★★★

砵仔糕在澳門幾個地方都有，但個人大力推薦這個攤檔的，因為這裡售賣的砵仔糕比其他攤檔更有傳統風味，例如黃糖砵仔糕便是較少見的，還有巧克力味道，兩款都味道清甜，口感滑溜，1 個才賣 1 元，真是價廉物美，非吃不可啊！

茶果
Best 2　約 $ 4
★★★★☆
CP ★★★★★

茶果是一種廣東民間小吃，外皮以糯米粉或粘米粉做成，餡料有甜的也有鹹的。個人較推薦鹹味，豬肉碎、蝦米和花生，配合起來鹹鹹香香，非常有風味！

Best 3　約 $ 4
★★★★☆
CP ★★★★☆

芝麻糕

芝麻糕只是一款很平凡的食品，可是這個小吃檔的芝麻糕卻是特別好吃，一咬下去，不但充滿芝麻香味，口感滑溜，而且還能吃到一粒粒的芝麻呢！

Best 4　約 $ 3
★★★★☆
CP ★★★★☆

煙西餅

煙西餅是佛山的家鄉小吃，是由一種叫欒樨的植物做成，是浴佛節時吃的糕點，味道微甜，充滿了植物的天然清香，是一種健康小吃。

玩家帶路指南
尋找《新不了情》裡的砵仔糕

還記得《新不了情》裡令人難忘感動的一幕，劉青雲在袁詠儀臨終時，拿著她最想吃到的砵仔糕，趕到醫院去完成她的最後心願嗎？多年前當這電影播放時，砵仔糕也一炮而紅，因為這部電影，這款已被很多人遺忘的小吃，再次引起了人們的注意。所謂砵仔糕，就是把糯米粉、砂糖和水做成的粉漿，跟紅豆等材料混在一起，放進小砵子裡（在廣東話裡，「仔」即是「小」的意思），用大火蒸約 20 分鐘。砵仔糕分為黃糖、白糖兩種，晶瑩剔透，口感爽滑，十分好吃。雖然看似平凡簡單，卻是不少上一輩居民珍貴的集體回憶。

泉記喳咋
糖水店中的名牌老鋪

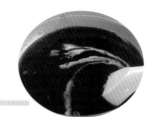

約 $ 16
★★★★★
CP ★★★☆☆

很多人都稱泉記為「喳咋泉」，一看名字，就知道它最著名的就是喳咋了！它是澳門最馳名的糖水店之一，有悠久的歷史。除了招牌美食喳咋以外，他們也售賣不少糖水，如芝麻糊、湯丸、喳咋湯丸、海帶綠豆沙等。有些客人還喜愛叫一款「紅黑」，即是喳咋加芝麻糊，一次可以試兩種口味也不錯呢！

喳咋

泉記的喳咋材料非常豐富，以紅豆為主，再配上紅腰豆、麥米，還有西米、芋頭等等，再淋上一些花奶，豆煮得很柔軟，甜度適中，不會遮蓋豆的天然香味，花奶更起了畫龍點睛的作用，令這道甜品更香更滑。

| DATA |
- 🏠 亞豐素街 45 號
- 🚌 7、7A、17、18、18A、19 公車（連勝馬路站下車，步行 5 分鐘）
- 🕐 14:30 ～ 22:00
- 休 週日

玩家帶路指南

喳咋是正港澳門貨？

第一眼看到「喳咋」這個名字，第一次吃到這道充滿南洋風情的糖水時，大家或許會以為這是從東南亞傳入的美食吧！而且，它在香港很多地方都有賣，任誰也不會想到，原來它卻竟是不折不扣的澳門製造！其實，

喳咋是葡文的音譯，即是「雜雜」（雜糧）的意思。從前在澳門駐守的士兵，把各種豆類混在一起，炮製出一款能讓人吃得飽飽又滋味的糖水作為午餐。後來廣為流傳，婆婆們開始在街邊攤檔售賣，因此又被稱為「阿婆粥」，之後再傳往香港，所以，雖然在香港售賣喳咋的食店也有不少，但它卻是道道地地的「澳門貨」喔！

馮記豬腳薑
澳門人添丁必吃

約 $ 35

1 盒（1 串豬皮約 $7，1 串豬腳約 $20，1 顆雞蛋約 $3）

★★★★☆
CP ★★★☆☆

廣東人在誕下小孩後，都習慣以薑醋煮成的豬腳為補品，深受婦女歡迎，新任父母亦會請親朋戚友吃這款美食，以分享添丁的喜悅。從前澳門婦女愛在家自製薑醋，但今日職業婦女工作忙碌，所以都愛在食店購買。澳門售賣薑醋的店鋪並不多，這一檔馮記是當中最具名氣的。因為營養豐富，口味獨特，除了慶祝添丁以外，平時也有很多人會買來享用。

豬腳薑

材料有豬腳、豬皮和雞蛋，購買時可以要求每一款都要一些。薑醋酸酸甜甜，十分開胃。豬皮滲滿了薑汁，非常惹味；雞蛋浸了薑醋後比平時更有口感；豬腳亦煮得十分入味，肉質柔軟，容易入口。三者配合一起，風味獨特而令人難忘。

| DATA |
- 🏠 能便度街攤檔
- 🚌 5、9、9A、25、25X 公車（高士德／亞利雅架站下車，步行約 3 分鐘）

美丹印尼美食
充滿濃厚南洋風味的餐館

美丹和南洋小食一樣，售賣一些印尼糕點，不過也有不同之處，就是除了糕點以外，美丹還提供了多款印尼式的飯類，如椰汁香葉飯、巴東牛腩飯、黃薑雜飯等，雖然食物的分量不大，但是水準很高，而且因為在澳門印尼餐廳較少，故此很受饕客歡迎。

| DATA |
🏠 連勝馬路 28D
🚌 7、7A、17、18、18A、19 公車（連勝馬路站下車，步行 5 分鐘）
🕐 12:00～21:00

Best 1 約 $ 6
🍴★★★★☆
CP ★★★☆☆

印尼白春卷

有很豐富的用料，包括芽菜、蘿蔔絲、蛋絲、碎肉，還滲著很香的肉汁，非常有風味，更重要的是不油不炸，吃得健康。

Best 2 約 $ 6
🍴★★★★☆
CP ★★★☆☆

香草大菜糕

味道清新，大菜糕滑溜又爽口，而且帶著椰香，好吃！

Best 3 約 $ 44
🍴★★★★★
CP ★★★☆☆

黃薑雜飯

黃薑是印尼的一種香料，黃薑混在飯裡並不辣，而是帶著點點薑的香味，感覺獨特，而且配料豐富，咖哩豬肉醬料惹味，虎皮辣蛋也風味十足。

椰汁香葉飯

淺綠色的飯粒散發著陣陣椰汁和香葉的香味，再加上印尼蝦片，香脆的炸雞翅等，是美味又非常有特色的一道印尼菜式。

Best 4 約 $ 44
🍴★★★★★
CP ★★★☆☆

印尼蝦蓉麵

在散發著濃厚鮮味的汁料映襯下，麵條也分外入味好吃。雖然用料不多，只有簡簡單單的幾片雞蛋，但蝦的鮮味滲進麵裡，令人印象難忘。

Best 5 約 $ 44
🍴★★★★☆
CP ★★★☆☆

巴東牛腩飯

香料令牛腩非常入味，香味濃郁，醬汁充滿東南亞的香料風味，適合喜歡濃味食物的朋友。

Best 6 約 $ 44
🍴★★★★☆
CP ★★★☆☆

祐記龍鬚糖
絲絲入扣的甜滋味

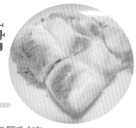

約 $**12** 1包(6粒)
1 盒約 $22

🔊 ★★★★★
CP ★★★☆☆

祐記的龍鬚糖是澳門馳名的懷舊小吃，因為開檔經營的時間不定，有時候會不營業，所以能不能吃到只好靠緣分了。老闆會耐心地把糖漿拉成像白色的細絲，然後再鋪上花生和椰絲作內餡，因為其形狀像龍鬚一樣而得名。由於已是上一代的懷舊小吃，在澳門能吃到的地方已寥寥無幾了，再加上並非想光顧便能吃到，更突顯了它的珍貴。

| DATA |
🏠 高士德紅街市攤檔
🚌 6A、23、32 公車（高士德／紅街市站下車，步行約 2 分鐘），或
6A、9、9A、28C、32 公車（高士德／連勝站下車，步行約 2 分鐘）

龍鬚糖

龍鬚糖不單外型，口感也十分特別，放進口裡，那一絲絲的椰糖開始在口裡融化，然後散發出炒過的花生粒的香味，就像吃棉花糖一樣，口感細膩而獨特。雖然 1 粒 $2 貴了點，可這種現在已鮮有售賣的風味小吃還是十分值得嘗試！

龍華茶樓
充滿回憶的懷舊美味

在龍華茶樓飲茶，沒有新式酒樓那樣豪華的裝潢，桌面也沒有桌布，在現代人的眼光裡，難免不夠衛生和舒適，但是，它所擁有的，卻是新式酒樓沒有的懷舊風情，古舊的桌椅、有很久歷史的吊扇，還有很有人情味的夥計。點心是自己出去拿的，價錢按碟數計，一碟是二十多元。這聽上去還可以，不過茶資比較貴了，一位收十多元，可是茶真的很香，值不值得便見仁見智了，但龍華的點心是很不

錯的，而且坐在裡面，就像走進了時光隧道，讓大家不禁懷念起小時候跟父母去舊式茶樓飲早茶的情景，在這裡感受到的，不單是食物的美味，還有難得的集體回憶！

| DATA |
🏠 提督市北街 3 號
🚌 1、3、3X、4、8、8A、9、9A、16、17、26、26A、28C、32、33
公車（提督馬路／雅廉訪站下車，步行約 3 分鐘）
⏰ 06:00 ～ 14:00

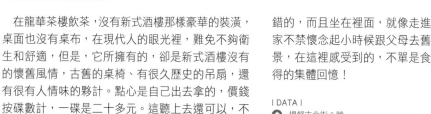

約 $**20**
🔊 ★★★★★
CP ★★★☆☆

鳳爪

鳳爪即是雞腳，廣東人愛把它加上豉椒做成點心。要令鳳爪做得好吃，靈魂在於那醬汁，通常會採用豉汁，龍華的汁料很香很惹味，在汁料的襯托下，鳳爪肉質鮮美。

約 $**20**
🔊 ★★★★☆
CP ★★★☆☆

排骨

排骨蒸得很有風味，肉質嫩滑，十分柔軟，吃下去骨肉很快分離，而且很有鮮味，十分推薦。

叉燒包

包點是廣東點心的重要一項，有奶黃包、叉燒包等。龍華的包點好吃之處，在於那鬆鬆軟軟的外皮，配合又香又多汁的叉燒，十分好吃，但三個二十多元就覺得較貴了。

Best 3　約 $ **20**

★★★★☆
CP ★★★☆☆

糯米包

糯米包的賣相十分飽滿，可說是皮薄餡多，糯米飯裡加了一些冬菇和臘腸粒，散發著陣陣香氣，在冬天時吃一口更是滋味無窮，令人暖在心頭。

Best 4　約 $ **20**

★★★★☆
CP ★★★☆☆

馬拉糕

Best 5

約 $ **20**

★★★★★
CP ★★☆☆☆

馬拉糕是一款廣東式蛋糕，是茶樓裡常見的點心之一，龍華的馬拉糕一個二十多元雖然略貴，但卻是我吃過的馬拉糕中口味數一數二的。單單看它金黃色的賣相已是十分誘人了，還沒放進口中，香味已撲鼻而來。一咬下去，蛋糕又香又滑，鬆軟可口，無論口感和味道都極佳，絕不會像某些酒樓的太乾或太甜，十分值得推薦！

Best 6　約 $ **12** 1 位

★★★★★
CP ★☆☆☆☆

香片（即茉莉花）茶

在澳門，這麼香的茶是較少能喝到的，但坦白說一句，真的很貴，值不值得見仁見智了。

玩家帶路指南

港澳的飲茶文化

「一齊坐低飲啖茶，食個包！」這句港澳人時常掛在口邊的口頭禪，來自一部很受歡迎的香港劇集《蓋世豪俠》，即是「坐下來喝一口茶，吃一個包，好好悠閒一番」的意思。這句看似簡單的話，正好是港澳人飲食文化的寫照。其實，大家去酒樓飲茶，又豈只是「吃個包」那麼簡單？

「飲茶」是一家大小共聚天倫的節目，大家嘻嘻哈哈的聚首一堂，談天說地，飲茶已成了家庭生活裡的重要部分。尤其在特別時節，如父親節、母親節等，茶樓和酒樓更是門庭若市，即使在平日，「飲茶」也是不少居民十分嚮往的節目。這種豐儉由人的娛樂，

已成了日常生活的一大享受了。

除了家庭聚會外，飲茶亦是志同道合的好友的相聚良機。在禽流感肆虐之前，較舊式的茶樓都准許茶客帶上雀鳥，甚至茶樓的座位還設有掛鳥籠的鉤子，茶客可以一邊「嘆茶」，一邊交流「雀經」。有些茶樓則以粵曲表演作為招徠，只要多付一點點錢，就可以在品嘗食物之餘，又可以欣賞精彩曲藝，一舉兩得。

港澳的茶樓和酒樓都有一個共通特點，就是分外熱鬧噪雜，外國遊客可能覺得不太習慣，認為比不上西式餐廳的用餐環境那麼雅致舒適，但大家熱熱鬧鬧，高高興興，氣氛反而更好。餐廳和茶樓所反映的是兩種截然不同的飲食文化，兩者各有可取之處，只要大家互相尊重，不同的文化也是可以共融的！

御麟殿粵菜館
叱吒一時的老牌茶樓

御麟殿粵菜館（冠男軒美食）原身為冠男茶樓，在 70、80 年代曾叱吒一時，是澳門著名的老牌茶樓。後來酒樓興起，茶樓漸被淘汰，冠男也轉型了，既保留了傳統茶樓的風格，又加入了現代化的元素，設有較舒適的座位和冷氣設備。不可不試的，是他們最為人稱道的美食——拖地叉燒。

| DATA |

🏠 提督馬路 61 號

🚌 1、3、3X、6A、16、26、26A、33 公車（昌明花園站下車，步行約 2 分鐘）

⏰ 06:00 ～ 16:00

Best 1

約 $ **29**

👍 ★★★★★
CP ★★★★☆

拖地叉燒飯

又想試試御麟殿的叉燒，但又想留著肚子品嘗其他食物的話，最適合叫來一碗叉燒飯試試了。以前這裡的叉燒都是偏肥的，但現代人講求健康，叉燒也瘦了很多，若想肥一點的，可以向他們要求要「半肥瘦」的。叉燒肉質非鮮美，而且醬汁和蜜糖也配合得剛剛好，這是我吃過的叉燒當中最好的！

Best 2

約 $ **20**

👍 ★★★★★
CP ★★★☆☆

豬潤燒賣

這是在很多酒樓都已沒有再賣的懷舊點心，來到這一定要試試！豬潤（豬肝）的香味滲進燒賣粒裡，分外鮮甜惹味！是除拖地叉燒以外，另一款推薦大家必吃的美食！

Best 3

約 $ **26**

👍 ★★★★☆
CP ★★★★☆

蝦餃

以蝦肉作餡料的餃子，是廣東點心的代表。這裡的蝦餃皮薄餡美，外皮晶瑩剔透，每粒蝦餃都用上兩三隻鮮蝦，蝦肉都非常甜美，每一粒蝦餃都是大大隻的，一碟賣 $26 絕對物超所值！

Best 4

約 $ **20**

🏅 ★★★★☆
CP ★★★★☆

雞扎

雞扎是一道常見的點心，是指用腐皮包著雞肉、火腿、豬皮、豬肚等材料，這 4 種看似不相關的材料，配合起來更是十分美味，十分值得一試！

Best 5

約 $ **25**

🏅 ★★★☆☆
CP ★★★★☆

排骨

排骨的肉質鮮嫩，只是稍嫌較肥，油也多了一點。

玩家帶路指南

不可不知的茶樓文化

　　很多港澳人都愛到茶樓「一盅兩件」，即是叫一壺茶，兩款點心，好好享受一番，他們都稱之為「飲茶」（品茗），雖說是飲茶，但並不是喝茶這麼簡單喔！除了茶以外，點心也是不可少的。到茶樓飲茶是港澳人歷史悠久的飲食文化，不論貧富都可以享受當中的樂趣。

　　60、70 年代是舊式茶樓的全盛期，這些茶樓走的都是大眾化路線，桌上沒有桌布，裝潢雖然簡樸卻別有風情，有些更設有可供老人家放置鳥籠的鉤子，客人可以一邊玩雀，一邊品嘗美食。曾在澳門叱咤一時的著名茶樓有冠男、六國、遠來、龍華等等，不過，隨著時代轉變，茶樓也漸漸被酒樓代替。酒樓跟茶樓的最大不同之處，在於衛生較佳，用餐環境也較舒服，桌上都鋪著桌布，但相對而言也較貴。茶樓只在早上及下午經營，但酒樓在晚上也會營業，並提供晚飯及宴會服務。時至今日，澳門的舊式茶樓已所剩無幾了，就只有龍華、大龍鳳，還有已轉型的冠男軒這幾家。

澳門人到茶樓（酒樓）愛喝什麼茶？

　　澳門人到茶樓（酒樓），「嘆茶」是指定動作，中國是個以茶聞名的國家，出產的茶類種類繁多，當中有幾種在澳門酒樓相當具有人氣。

　　普洱：這款產自雲南的茶，在澳門相當受歡迎。它是黑茶的一種，最大的特色是「越陳越香」，它不單味香，而且還有降脂減肥，抗癌等功效，真的十分健康呢！

　　壽眉：這款白茶也是很受茶客歡迎，產自福建，以香味清新純正見稱，不寒也不熱，有退熱的功效，是夏天消暑的佳品。

　　鐵觀音：同樣是產於福建，介乎紅茶和綠茶之間，是烏龍茶的一種，這款茶葉一點也不簡單喔！相傳它的名字是乾隆皇帝所賜的，而且它還是中國十大名茶之一呢！和普洱一樣具有抗癌作用。

　　香片：即是茉莉花茶，是一種白茶，味道帶著清新的花香，令人陶醉。在福建、蘇州、四川等地都能栽種。和很多茶一樣，有消脂養顏的作用。

雅廉訪、美副將

雅廉訪及美副將與高士德鄰近，可以把這兩區一起同遊，除了遊覽甚具歷史意義的觀音堂以外，不少遊人都喜歡到東南亞唯一的賽狗場見識一番，這裡亦有很適合親子遊的通訊博物館。來這裡一趟，知識肯定增加不少。

雅廉訪大馬路
AVENIDA DO
OUVIDOR ARRIAGA

玩家 散步路線

觀音堂（約5分鐘）➝螺絲山公園（約10分鐘）➝
通訊博物館（約20分鐘）➝望廈山公園（約5分
鐘）➝牛房倉庫（約5分鐘）➝逸園賽狗場

逸園賽狗場
另類的博彩花招

　　澳門的博彩業發展發達，賭博的方式也多款多樣，賽馬在香港也能看到，但賽狗就只有這裡才會有了。想見識一下這種特別的博彩方式的話，就去逸園賽狗場看看吧！

| DATA |
　　澳門白朗古將軍大馬路　1、3、7、7A、9、9A、23公車（白朗古將軍馬路站下車，步行約1分鐘）　週一、二、四、六、日19：30開始均有賽事

地圖標示

一日朝古將軍大馬路
逸園賽狗場
蓮峰泳池
望廈山公園
市政狗房
牛房倉庫
旅遊學院
望廈炮台斜坡
望廈炮台
新雅馬路
雅廉訪聖心
新爽爽豬肉
九美食
雲吞麵世家
金城食店
新榮記咖啡豆腐麵食
絲絲山公園
新西洋賽馬
雅麗娜葡式茶餐廳
愉景花園
觀音堂
富豪食品
濠江中學
通訊博物館
亞馬喇馬路
盛記白粥
忠彫記腸粉
三佬雞粥
鮑思高
華小學
雅廉花園
真點心
雅廉訪石獅子
正宗印尼風味燒烤
培正中學
橋記粥品

觀音堂
中美簽署望廈條約的歷史場景

　　觀音堂又名「普濟禪院」，建於明朝末年，除了是澳門數一數二、歷史悠久的廟宇外，花園裡的一張石桌更是簽署中美「望廈條約」的地方，具有重要的歷史價值。

| DATA |
　　美副將大馬路　12、17、18、23、28C公車（觀音堂站下車，步行約2分鐘），或5、5X、22、25、25X公車（愉景花園站下車，步行約3分鐘）　10:00～16:00

通訊博物館
寓教於樂，親子共遊

這是一間寓教育於遊戲，很適合孩子學習的好去處。通過各種有趣生動的遊戲，如 DIY 郵票製作等等，展示出各種通訊方式，如電話、郵遞、電報等，令人大開眼界，增廣見聞。

| DATA |

⌂ 馬交石炮台馬路 7 號　🚌 2、2A、6A、18 公車（電力公司站下車，步行約 3 分鐘）　⏰ 09:30 ～ 17:30（關館前 30 分鐘停止售票）　休 週日週一、農曆新年首 3 天休館　💲 成人 $10，學生 $5，3 ～ 9 人組別（每位）$8，10 人或以上組別（每位）$7，65 歲以上及 3 歲以下免費（關館前 30 分鐘停止售票）

螺絲山公園
愛貓迷的休憩天堂

因為公園的最高處擁有螺絲形狀的石山而得名，公園樹木茂密，環境清幽，有很多貓咪在此定居，每天都有愛貓人士前來餵飼，是貓咪和貓迷的快樂天堂。

| DATA |

⌂ 新雅馬路與亞馬喇馬路之間　🚌 2、2A、6A、18 公車（電力公司站下車，步行約 3 分鐘）　⏰ 06:00 ～ 22:00

望廈山公園
環境優美的休憩公園

望廈山公園位於望廈山上，鄰近望廈賓館及旅遊學院，環境優美，有羅馬式廣場、噴泉、瀑布、人工湖等設施，是休憩的好去處。

| DATA |

⌂ 美副將大馬路　🚌 5、5X、17、23、25、25X 公車（望廈炮台站下車，步行約 10 分鐘）　⏰ 全日

牛房倉庫
舉辦各種藝術的策劃空間

這是澳門一個非牟利的民間藝術組織，目的是推動澳門藝術發展，策劃並開放空間舉辦各種藝術展覽及演出，如攝影展、電影展等。

| DATA |

⌂ 澳門美副將大馬路與提督馬路交界（市政狗房側）　🚌 5、5X、22、25、25X 公車（市政狗房站下車，步行約 1 分鐘）　⏰ 12:00 ～ 19:00

富康食品
賣相誘人的南洋糕點

富康是一間很有特色的南洋糕點店，每當經過他們的店鋪，看到櫥窗裡放著的那些賣相吸引的蛋糕時，都會禁不住誘惑買上一兩件。他們的蛋糕款式很多，如斑蘭蛋糕、摩卡蛋糕、蛋白巧克力，看上去全都相當誘人。

| DATA |
🏠 澳門美副將大馬路 11 號 C 地下
🚌 12、17、18、23、28C 公車（觀音堂站下車），或 5、5X、22、25、25X 公車（愉景花園站下車步行約 3 分鐘）
⏰ 11:00 ～ 20:00
🚫 週日

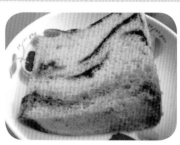

Best 1

摩卡蛋糕

約 $ 8
👍 ★★★☆☆
CP ★★★☆☆

蛋糕的分量足夠，回家加熱後，會散發一陣熱烘烘的香味，更為吸引，只是略嫌摩卡味道不夠濃厚，不太能吃出來。

Best 2

斑蘭蛋糕

約 $ 7
👍 ★★★★☆
CP ★★★☆☆

同樣分量十足，蛋糕呈現著斑蘭香料的天然淺綠色，賣相吸引，散發著的斑蘭香味也很有印尼特色，值得一試！

朱古力（巧克力）蛋白蛋糕

Best 3

約 $ 7
👍 ★★★★☆
CP ★★★☆☆

甜味適中，味道十分清新，而且口感嫩滑，蛋白跟巧克力味道也很配搭。

植物油千層糕

Best 4

約 $ 7
👍 ★★★★☆
CP ★★★☆☆

這是印尼的特色糕點之一，由牛油或植物油製成，一層疊一層，口感很好。想健康一點的可選植物油口味，但若以香濃而論，牛油味道會較優勝。

三俠潮越美食

多款配料的米粉料理

三俠售賣的是潮式食物，其最大賣點是潮州的牛丸和牛筋丸，必嘗的是他們的米粉，提供多種配料，如牛丸、牛筋丸、貢丸、咖哩雞翅、香菇、碎肉、豬皮、墨魚丸、腐乳豬手、潮州扎肉、柱侯牛腩、咖哩薯仔（馬鈴薯）、咖哩雞、紫菜、蠔仔（即蚵仔）等等，任由客人配搭，自由度大，選擇又多，總有一款合你口味。而且，他們的服務態度很好，去吃早餐時才一坐下，服務員便笑著說「早晨」及遞上茶水，令人窩心溫暖，吃得開心。

I DATA I
🏠 賈伯樂提督街 11 號
🚌 4、8A、19 公車（雅廉花園站下車，步行約 3 分鐘）
🕐 06:30 ～ 18:30

Best 1

約 $ **22**
⭐⭐⭐⭐☆
CP ⭐⭐⭐☆☆

正宗潮式牛丸米粉

很多潮州店都會提供一款美食，就是潮州的特產牛肉丸，不過，許多店的牛丸都因為冷藏太久，咬下去淡而無味，然而，三俠的牛丸不但彈牙，口感很好，而且還保留著牛肉的鮮美味道，雖然分量不多，一碗麵只有 3 粒，但卻令人回味。

Best 2

約 $ **24**
⭐⭐⭐⭐☆
CP ⭐⭐⭐☆☆

紫菜蠔仔米粉

蠔仔（即蚵仔）最重要的是夠鮮味，三俠米粉採用的清湯，正好令蠔仔的鮮甜更為突出，配合有益又清香的紫菜，雖然味道不香濃，但卻以鮮味取勝，同樣令人難忘。

彪記腸粉

粵式風情的熱賣早餐

腸粉是澳門人很喜歡的早餐，他們在用人工拉成的腸粉上，按自己喜好加上各種醬料和芝麻等享用。彪記賣的只有早餐，食物的種類並不多，有腸粉、燒賣、粽子、白粥，但正因為這樣，更能專心做好每一款食物。每次經過彪記，都會看到客似雲來，不少人都在外面等候買外賣的情景，可見它的受歡迎程度了。如果想試試腸粉燒賣等充滿粵式風情的早餐，這裡會是個很好的地方！

I DATA I
🏠 賈伯樂提督街 8 號（美副將來來超市旁的街口直入）
🚌 4、8A、19 公車（雅廉花園站下車，步行約 3 分鐘）
🕐 07:00 ～ 12:00

Best 1

約 $ **20**
⭐⭐⭐⭐⭐
CP ⭐⭐⭐☆☆

燒賣腸粉

腸粉十分軟滑，吃著口感很好，燒賣用料實在，配合甜醬、麻醬（喜歡辣的朋友也可以加上辣醬），再灑上芝麻粒，味道和口感層次豐富，而且風味十足。

Best 2

約 $ **8**
⭐⭐⭐⭐☆
CP ⭐⭐⭐☆☆

白粥

他們的白粥以粥水為主，用米較少，但粥水味道清香，非常解渴，與腸粉是最佳配搭。叫來一碟腸粉一碗白粥，才約 20 多元的價錢，便可以享受一頓風味獨特又美味的早餐了！

椿記粥品
香氣四溢的深夜食堂

椿記是一間以經營晚飯和宵夜為主的食店，以粥品和其招牌菜「鮑汁糯米雞」最為聞名。它的粥品都是生滾的，新鮮美味，除了一般廣東粥店都能吃到的及第粥、艇仔粥、皮蛋瘦肉粥外，還有平時較少見到的鯪魚粥。採用了新鮮的鯪魚，製成魚蓉或魚片，鮮甜美味。另外鮑汁糯米雞亦是其他食店不能吃到的。普通的糯米雞大家也許吃過，但用鮑汁精製，散發出濃濃香味的鮑汁糯米雞，就只有在這裡才能試到了！

| DATA |

🏠 姑娘街 2A，觀音仔（注意，不是觀音堂）對面
🚌 5、5X、17、23、25、25X 公車（望廈炮台站下車，步行約 2 分鐘）
⏰ 19:00 ～ 04:00

Best 1

約 $ **21**

🍴 ★★★★★
CP ★★★☆☆

拆魚粥

採用新鮮的鯪魚，還有鮮味的粥底。粥的味道本身不濃，突顯出魚的鮮味，能讓客人吃出鮮魚的原汁原味，再配上幾粒葱花，又健康又美味！

Best 2

約 $ **18**

🍴 ★★★★☆
CP ★★★☆☆

牛肉腸粉

布拉腸即點即蒸，腸粉很滑，口感細膩，牛肉鮮美，配合一點醬油，配搭起來十分好吃。

Best 3

約 $ **22**

🍴 ★★★★★
CP ★★★☆☆

鮑汁糯米雞

還沒打開，已能聞到一陣陣荷葉香味。打開以後，更是香氣四溢。一口咬下，感到用料豐富的肉粒和香菇粒，在鮑汁的襯托下更是美味，吃完更是齒頰留香。

Best 4

約 $ **11**

🍴 ★★★★☆
CP ★★★☆☆

海味蘿蔔糕

十分惹味的一道小吃，分量十足，吃的時候還能吃到一絲絲的蘿蔔絲，真材實料，加上幾粒葱花和芝麻，香味更濃，配上甜麻醬十分美味。

雅麗娜葡式茶餐廳

媒體爭相報導的原汁葡味

雅麗娜由一位土生葡人主理，跟很多葡國餐廳不同，所推出的菜式以住家澳葡菜為主，充滿澳門的獨特風情，當中最受歡迎，非試不可的，當然是很多媒體都曾介紹過的「免治豬肉飯」了，另外，其他澳葡菜式如葡國雞、燒排骨、芒果布丁等都很值得一試。因為以住家風味為主，他們的菜式味道不會太濃，更重視食物的原汁原味，而且老闆娘非常親切，就像吃到媽媽料理的飯菜一樣溫暖。

| DATA |
- 美副將大馬路 6 號
- 12、17、18、23、28C 公車（觀音堂站下車，步行約 2 分鐘），或 5、5X、22、25、25X 公車（愉景花園站下車，步行約 1 分鐘）
- 12:30 ～ 15:00，18:00 ～ 22:30
- 週四

免治豬肉飯

免治來自英文「MINCHI」，即是碎肉，雅麗娜的免治豬肉配合太陽蛋，一看上去賣相已非常吸引了，而且味道也十分好！碎肉的味道恰到好處，配合馬鈴薯粒，散發出一陣陣誘人香味，再加上香滑的雞蛋，三者配合起來口感非常好。沒有一般餐廳的濃烈味道，充滿了住家菜的風情，推薦必吃！

Best 1 　約 $ 55
★★★★☆
CP ★★★☆☆

葡國雞飯

同樣也是色香味俱全的佳作，有些朋友或許會覺得他們的葡國雞味道不夠其他餐廳香濃，但這反而卻是我最欣賞之處，因為若是汁料太濃，反而會掩蓋了食物的原本味道。雅麗娜所用的汁料剛剛恰到好處，令雞肉的鮮美更加突出。其他的配料如馬鈴薯和雞蛋也配搭得宜，值得一試。

Best 2 　約 $ 55
★★★★☆
CP ★★★☆☆

真點心

價格合理，精緻美味的點心

說起吃點心，很多人第一時間就會想到茶樓或酒樓的飲茶，但最近越來越盛行一種點心餐廳，它們並不是酒樓，不會像酒樓一樣加收服務費，用餐環境也較酒樓舒適。人氣急升的真點心便是其中之一，不但價錢合理，不加收服務費及茶錢，而且每款點心都非常精緻，創意十足、美味可口，難怪每次經過都大排長龍，一位難求！

| DATA |
- 澳門俾利喇街 115 號恒秀苑地下
- 8、8A、12、18、18A、19、22、28C 公車，俾利喇／高士德站下車，步行約 2 分鐘
- 11:00 ～ 22:00

Best 1 　約 $ 29
★★★★★
CP ★★★★☆

薑汁鮮雞球大包

這款大包是以前茶樓的經典美食，體積非常巨大，裡面包着雞肉、薑、冬菇等配料，用料非常豐富，風味甚佳。到了現在，能吃到這款點心的地方真的不多了，大力推薦！

Best 2 　約 $ 16

黑糖九層糕

多數九層糕都是用蔗糖做成，這款卻選用了健康的黑糖，不會太甜，夠創意又健康，口感滑溜，清香滿溢，讚！

★★★★★
CP ★★★★☆

正宗印尼風味燒烤
特製獨特的蜜糖醬汁

每逢經過雅廉訪的石獅子附近，都會嗅到一陣陣香噴噴的燒烤味，那是來自一個專門售賣印尼燒烤的攤檔。這裡的燒烤很受歡迎，光顧的客人很多，尤其是放學和下班時間，老闆更是忙個不停。這裡的成功祕訣在於燒烤的醬汁，老闆會加上大量蜜糖，還有特製的醬料，所以分外惹味好吃。可以選擇多種小吃，像雞肉、雞翅、雞腿、香腸、魚蛋等。若也能接受辣味，建議跟老闆說聲「齊醬」，這可是老闆最推薦的吃法呢！

Best 1　約 $ **21**
⭐⭐⭐⭐⭐
CP ⭐⭐⭐☆☆

燒雞翼

老闆說，他們的燒烤都會毫不吝嗇的沾上很多蜜糖。一吃這個雞翅，就知道老闆所言非虛。真是很甜美很好吃啊！他們的雞翅是全隻的，不像很多地方只給客人一小部分。分量和味道都是滿分的！

沙爹串

沙爹是來自南洋地區的美食，會在肉串上加上美味的花生醬。老闆製作的花生醬真的又香又惹味，吃串燒時會不禁把肉放進去大力大力地去拼命沾上醬料，而且雞肉也相當嫩滑，只賣 $8 真是超值啊！

Best 2　約 $ **8**
⭐⭐⭐⭐⭐
CP ⭐⭐⭐⭐☆

| DATA |
🏠 雅廉訪大馬路石獅子旁
🚌 4、8A、19 公車（雅廉花園站下車，步行約 5 分鐘）

新爽爽豬肉丸美食
自家打造，Q 彈鮮美

就如其名一樣，新爽爽肉丸的最大特色就是「爽」！肉丸曾吃過不少，但說到口感最好的，就非新爽爽莫屬。他們最著名的是肉丸和肉餅，全部都是自家打造。除了可以在店裡享用肉丸麵和肉餅包等特色美食外，還可以把肉丸和肉餅買回家做菜。

| DATA |
🏠 雅廉訪大馬路 109 號 B
🚌 7、7A、16 公車（雅廉訪／聖心站下車，步行約 1 分鐘）
⏰ 07:00 ～ 18:00

Best 1
約 $ **20**
⭐⭐⭐⭐⭐
CP ⭐⭐⭐☆☆

肉丸麵

肉丸味鮮而有彈性，跟麵很配搭，很好吃，而且肉丸分量也很足，令人吃得滿足。

Best 2
約 $ **16**
⭐⭐⭐☆☆
CP ⭐⭐⭐☆☆

肉餅包

這是在其他食店裡較少見到的，也是爽爽的招牌菜之一。肉餅跟肉丸一樣，口感十足而味道鮮美，配合烤得香脆的麵包，十分美味。

盛記白粥
超人氣粥店，光顧請趁早

　　盛記是澳門一間知名老店，設有幾間分店。雖然它的名字是盛記白粥，但受到客人喜愛的，還有充滿懷舊風情的廣東油器食品，如蛋散、油條、笑口棗等等，另外，也提供多種糖水，像喳咋、芝麻糊、木瓜雪耳糖水、各式口味的豆腐花等，也有很多傳統糕點，像芝麻糕、九層糕、白糖糕等。盛記的食物很便宜，糕點和豆腐花只是幾元，最貴的食品也不過十幾元，不用二十塊錢，已足夠兩人吃到分量十足的早餐和下午茶了。要光顧記得趁早，若晚上去的話，很多食物都已售罄了。

| DATA |
雅廉訪總店
🏠 雅廉訪大馬路 77 號地下（幸運閣地面）
🚌 4、8A、17 公車（幸運閣站下車，步行約 2 分鐘）
台山分店
🏠 台山巴波沙大馬路 264 號南惠閣第二座
氹仔分店
🏠 孫逸仙博士大馬路 257 號利民大廈地下 D
⏰ 07：00 ～ 20：00

Best 1
約 $ 9
🍴 ★★★☆☆
CP ★★★☆☆

銀芽炒麵

　　麵的分量很大，配合銀芽（即芽菜）炒得很香，若是能做到即點即炒的話，那就更好了。

鹹蛋皮蛋瘦肉粥

　　除了白粥以外，盛記還提供另一款粥品——鹹蛋皮蛋瘦肉粥，與其他食店的皮蛋瘦肉粥不同，盛記的用料十分豐富，除了一般都會用到的皮蛋和瘦肉外，還有淡菜和鹹蛋，營造出更獨特更多層次的風味和美味。

Best 2　約 $ 8
🍴 ★★★★★
CP ★★★☆☆

Best 3
約 $ 12
🍴 ★★★★☆
CP ★★★☆☆

炸腸

　　炸腸又叫炸兩，是一種廣東特別小吃，是在腸粉裡加上油條，腸粉嫩滑柔軟，油條香脆，口感特別，廣東人吃腸粉都愛加上多種醬料，如甜醬、麻醬、辣醬，再灑上一些芝麻，吃起來味道更是千變萬化。

Best 4
約 $ 4
🍴 ★★★★☆
CP ★★★☆☆

蛋散

　　蛋散是指把麵粉扭作扭條形狀，炸後再淋上糖漿，是一款特色油器小吃，現在售賣這種小吃的澳門食店實在不多，盛記是其中一間。它的蛋散又香又脆，配合糖漿更是美味，很適合喜歡香口和甜食的朋友。

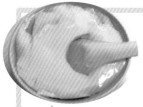

豆腐花

盛記的豆腐花，與其他店鋪較為不同的地方在於款式多樣，除了原味以外，還有綠茶的、芒果的，味道創新，豆味也很香，值得一試。

Best 5 約 $ 6

★★★☆☆
CP ★★★☆☆

芝麻糕

和九層糕類似的特色糕點，口感嫩滑，甜味適中，能吃到芝麻的口感，清新可口，喜歡糕點的朋友不能錯過！

Best 6 約 $ 5

★★★★☆
CP ★★★☆☆

如法炮製混醬腸粉

　　大家到售賣腸粉燒賣的食店時，總會發現桌上放著一瓶深棕色、一瓶棕黃色、一瓶紅色和一瓶黃色的醬料，有時還會見到一樽芝麻，或許會奇怪：這些是什麼東西啊？是怎樣用的？其實這些都是用來炮製「混醬」（在廣東話裡跟「混帳」同音）腸粉的喔！讓我們一起動手，做一碟好吃的「混醬」腸粉吧！

首先，店家會把腸粉送上來，此時的腸粉是「素顏」，純白色的，什麼也沒加上。

接著，先加上深棕色的醬料，這一瓶是甜醬，加了後腸粉會變成棕色，添上了甜味。

再加上棕黃色的，看似花生醬的其實是麻醬，加了後會有芝麻香味，腸粉也會較滑溜。

如果你喜歡辣的，也可以加上紅色的辣醬或黃色的芥辣。

最後，灑上一些芝麻，令腸粉增添粒粒的口感。

剛才還是「素顏」的腸粉，已變成各種顏色的「混醬」（即是把所有醬料混在一起）的腸粉了！

　　你可以按自己的喜好，加上不同分量的醬料，如你不喜歡吃辣，可以自行「走辣」（即是不加辣醬）。腸粉會散發甜味，芝麻香味和辣味，口感既滑溜又能吃到一粒粒香香的芝麻，經過你的「混醬」後，腸粉的味道和口感層次都大大提高了！

金城食店
一吃多重享受的雙汁米粉

　　金城食店只在上午營業，它的姐妹店，就在同一條街的金利則在下午營業。金城的位置在一間有名的學校附近，深受學生歡迎。店鋪面積不大，坐在店裡吃不太舒服，所以很多人都會選擇外帶。來到金城，愛辣的朋友一定不可以錯過他們的辣醬，別小看那小小一匙的辣醬，那辛辣程度是頂級的喔！

最適合愛挑戰辣度的朋友了！如果你不愛辣的，也可以嘗試他們的雙汁米粉，只是帶著微微的辣而已。

| DATA |
🏠 雅廉坊大馬路 95 號
🚌 7、7A、16 公車（雅廉訪／聖心站下車，步行約 2 分鐘）
🕐 06:30 ～ 13:30
休 週一

Best 1　約 $ **40**　（外帶另加 $1）

🍴 ★★★★★
CP ★★★☆☆

雙汁雞腩米粉

　　雖然 35 元一碗不便宜，但可以吃到牛腩和雞肉兩款口味，用料豐富，分量足夠兩個人吃。雙汁是指牛腩汁和咖哩雞汁，兩者配搭一起，散發著濃郁的香味。香味滲進米粉裡，再加上米粉幼滑得很，所以十分容易入口。牛腩和雞肉都爛得非常入味，令人忍不住吃完一口又是一口，吃完後那濃濃的香味仍留在口裡，令人回味無窮。

Best 2　約 $ **27**

🍴 ★★★★☆
CP ★★★☆☆

魚蛋河粉

　　金城的米粉河粉最成功之處，在於他們特製的醬汁，不論搭配什麼材料也非常美味。他們採用的魚蛋，並不是街頭賣的那種，而是白色的潮州魚蛋，十分爽口彈牙，河粉也十分滑溜。

Best 3　約 $ **27**

🍴 ★★★★☆
CP ★★★☆☆

墨魚丸米粉

　　金城採用的，並不是很多凍肉檔售賣的那種彈牙但無味的墨魚丸，雖然不夠爽口，但卻勝在鮮味十足，而米粉滲滿了醬汁後也十分惹味，兩者搭配起來十分好吃！

新榮記咖啡豆腐麵食
天然的清香黃豆味

豆腐是一種健康又好吃的食物，喜歡豆腐的人，都會愛上清香的黃豆味道。若你喜歡豆腐的話，來到澳門便一定要去新榮記試試了！他們的豆腐非常出名，豆腐花及豆腐麵都是非吃不可的！豆腐花是種很簡單的食物，但要做得好吃並不容易，吃過不少豆腐花，讓我留下較深印象的是新榮記。他們的豆腐散發著黃豆的天然香味，令人印象難忘。

| DATA |
🏠 羅神父街 12 號
🚌 7、7A、16 公車（雅廉訪／聖心站下車，步行約 2 分鐘）
🕐 07:30 ～ 21:00

🏠 天神巷 17 號
🚌 2、2A、5、7、7A、8、9、9A、12、16、22、25、25X（水坑尾站下車，步行約 3 分鐘）
🕐 07:30 ～ 18:30

🏠 美麗街 20 號 A
🚌 2、2A、5、7、7A、8、9、9A、12、16、22、25、25X（水坑尾站下車，步行約 3 分鐘）
🕐 07:30 ～ 22:00

豆腐花

Best 1
約 $ 6
★★★★☆
CP ★★★★☆

很清新的一道甜品，吃時口裡充滿豆的香味，絕不會像其他店的豆腐花那樣，被甜味遮蓋豆味，非常好吃。

豆腐麵

Best 2
約 $ 16
★★★☆☆
CP ★★☆☆☆

這是新榮記的特色麵食，在其他店裡較少能吃到。豆腐固然是高水準，麵也做得不錯，只是以價錢來說，4 塊豆腐加一個麵就要十幾元，實在是貴了點，需要知道，豆腐本來就是很便宜的材料啊！

雲吞麵世家
融合港澳越風味的麵食館

港澳人都很愛吃雲吞（即餛飩）麵，街上滿是大大小小的麵家。一看「雲吞麵世家」這個名字，大家都不難猜到，他們最馳名的招牌菜當然就是雲吞麵了。而這麵家有一點是跟很多同類麵家有所不同的，就是除了廣東湯麵外，他們還賣越南式的麵食「檬粉」，還有很多越式小吃，像春卷、扎肉等等。想一次嘗試兩種風味截然不同的麵食，到雲吞麵世家是個不錯的選擇。

| DATA |
🏠 雅廉訪大馬路 109 號 A
🚌 7、7A、16 公車（雅廉訪／聖心站下車，步行約 1 分鐘）
🕐 12:00 ～ 01:30

世家雲吞麵

Best 1
約 $ 24
★★★★☆
CP ★★★☆☆

不愧是招牌菜，雲吞麵做得十分好吃！每一粒雲吞都有 2 ～ 3 隻大大的鮮蝦，蝦肉和豬肉的分量恰到好處，吃起來分外鮮甜。麵條也很爽口彈牙，清淡的湯底味道適中，不會掩蓋雲吞的鮮味。雖然比其他麵店的略貴一點，但仍是物有所值。

正宗下龍灣牛肉粉

Best 2
約 $ 40
★★★★☆
CP ★★☆☆☆

牛肉的火候剛好適中，肉質嫩滑，味道鮮美，加上洋蔥更是惹味，河粉也非常幼滑，口感很好，整體配合起來十分好吃，只是一碗賣 40 感覺貴了點。

新口岸

就如其名一樣,新口岸向大家展示的是澳門最繁華最新的一面,這裡眾多酒店賭場林立,五光十色繽紛璀璨,充滿著拉斯維加斯的味道,到各大酒店欣賞免費表演,或到賭場試試手氣,是不少遊人的指定節目。

葡 京 路

AVENIDA DE LISBOA

玩家 散步路線

漁人碼頭(約5分鐘)──→金蓮花廣場(約1分鐘)──→大賽車博物館及葡萄酒博物館(約10分鐘)──→文化中心、藝術博物館及澳門回歸賀禮陳列館(約10分鐘)──→澳門科學館(約10分鐘)──→觀音蓮花苑(約3分鐘)──→美高梅金殿(約5分鐘)──→永利酒店(約5分鐘)──→葡京酒店及新葡京酒店

葡萄酒博物館
詳細介紹葡萄酒的釀造過程

　　葡萄酒在葡國社會裡一直擔當著重要角色。這間博物館以照片、模型、地圖、文字等生動方式，詳細介紹了葡萄種植和葡萄酒釀造歷史，還會帶領大家進入酒窖參觀，憑著入場券更可以試飲一杯葡萄美酒！

| DATA |

🏠 澳門高美士街旅遊活動中心內 🚌 1A、3、10、10B、28A、28B、28BX、28C、32公車（理工學院站下車，步行約1分鐘），或1A、3、10、10B、10X、23、28A、28B、28BX、28C、32公車（旅遊活動中心站下車，步行約1分鐘）⏰ 10:00～20:00 💤 週二 💲 免費

大賽車博物館
搶先體驗澳門賽道的刺激快感

　　格蘭披治大賽車是澳門一年一度的盛事，已有60多年歷史，孕育了不少知名車手，像車壇名將冼拿、舒麥加兄弟等等。博物館設有多輛英姿颯颯，價值連城的賽車讓大家合照，其中鎮館之寶是車神冼拿來澳門比賽時所駕駛的戰車，亦介紹了很多和賽車有關的知識，如規則、賽道、鏡頭重溫等。其中車迷絕不能錯過的，當然是免費的賽車模擬遊戲，可以讓大家試試在澳門賽道風馳電掣的刺激快感。

| DATA |

🏠 澳門高美士街旅遊活動中心內 🚌 1A、3、10、10B、28A、28B、28BX、28C、32公車（理工學院站下車，步行約1分鐘），或1A、3、10、10B、10X、23、28A、28B、28BX、28C、32公車（旅遊活動中心站下車，步行約1分鐘）⏰ 10:00～20:00 💤 週二 💲 免費

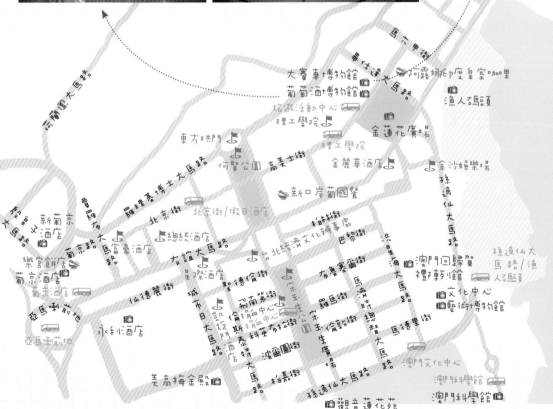

澳門科學館 A
親子同樂的科學教育

科學教育在澳門漸漸發展，為了讓居民和學生有更多機會接觸到科技知識，政府建立了這間以生動手法進行科學教育的博物館。巨大的神舟七號模型、機械人展示區、球幕天像廳都是館裡最受歡迎的展區。

| DATA |

🏠 澳門孫逸仙大馬路澳門科學館 🚌 3A、8、10A、12 公車（澳門科學館站下車，步行約 1 分鐘）🕐 10:00 ～ 18:00(17:30 停止售票) 🈺 週四、農曆年除夕休館，公眾假期照常開放 💲 展覽中心 $25，天文館(2D球幕／2D天象節目)$50，天文館(3D球幕／3D天象節目)$65，2 歲以下幼童參觀所有設施均費用全免

美高梅金殿酒店 B
擁有高貴優雅的天幕廣場

澳門的很多大型酒店都以獨特的建築設計或表演吸引遊客，就像美高梅金殿酒店，它的最引人之處在於酒店大堂的天幕廣場，充滿浪漫的歐陸情懷。典雅的建築和梯級，給人高貴優雅的感覺，置身其中，就像真的在歐洲的街道漫遊一樣。

| DATA |

🏠 新口岸填海區 🚌 3A、8、12、23 公車（城市日大馬路／波爾圖街下車，步行約 5 分鐘）

永利酒店 C
享受華麗的餘興節目

永利酒店跟威尼斯人度假村一樣，不只單單是一間酒店，更已成為熱門的景點了！大家可以在這裡享受到不少免費娛樂節目，如每半小時表演一次，氣勢萬千的吉祥樹或富貴龍表演，還可以欣賞音樂噴泉，像萬花筒一樣的美麗水母水族箱等。喜歡血拼的朋友，也可以在酒店的名店街和法拉利跑車專門店滿載而歸。

| DATA |

🏠 新口岸仙德麗街 🚌 3A、8、10A、12、23、N1A、N2（N1A、N2為深夜公車，仙德麗街站下車，步行約 2 分鐘）

澳門漁人碼頭 D
捕捉美麗夜景的拍攝地

漁人碼頭是集合各種文化特色的主題樂園，如古羅馬鬥獸場、歐陸風情大街、非洲村等等，夜間景色尤其美麗，是拍攝夜景的好地方。

| DATA |

🏠 新口岸孫逸仙大馬路對開 🚌 3A、8、10A 公車（孫逸仙大馬路／漁人碼頭站下車，步行約 2 分鐘）🕐 24 小時開放 💲 免費

金蓮花廣場 E
金光閃閃的金蓮花雕塑

1999 年 12 月 20 日為澳門回歸祖國的日子，在廣場上金光閃閃，備受注目的金蓮花雕塑，就是回歸當日由中國國務院贈送給澳門特別行政區的禮物。

| DATA |

🏠 新口岸高美士街、畢仕達大馬路及友誼大馬路之間 🚌 1A、3、10、10B、28A、28B、28BX、28C、32 公車 (理工學院站下車，步行約 1 分鐘)，或 1A、3、10、10B、10X、23、28A、28B、28BX、28C、32 公車 (旅遊活動中心站下車，步行約 1 分鐘)

文化中心及藝術博物館 F
外型獨特的藝術表演中心

文化中心外型獨特，是澳門的藝術表演場地，經常有歌劇、舞台劇、樂團音樂會等藝術表演，而當中的藝術博物館，更是澳門唯一以藝術為主題的博物館，展示了在中西文化交融下，澳門一些別具特色的藝術作品，館藏豐富，包括了中國書畫、陶瓷、西洋畫、銅器等等。

| DATA |

🏠 澳門新口岸冼星海大馬路澳門文化中心 🚌 3A、8、10A、12、17 公車 (澳門文化中心站下車，步行約 5 分鐘) ⏰ 10:00～19:00(18:30 停止入場，週日免費開放) 🚫 週一 💲 成人 $5，持學生證人士及至少 10 人團體 $2，12 歲以下兒童及 65 歲以上長者免費參觀

葡京酒店及新葡京酒店 I
獨樹一格的建築設計

葡京酒店一直是澳門的地標，以造型獨特著名，如葡京酒店的雀籠設計，新葡京酒店的蓮花設計等都是獨樹一格。據說為了不讓賭客贏錢，酒店的部局都是經過風水大師的精心設計。例如葡京酒店的鳥籠，傳說是為了要困住賭客的；正門大堂的兩隻狀似蝙蝠圖案，是為了吸血 (錢)，當然，這些只是傳言，並不能盡信，不過大家去參觀時不妨留意一下，看看還能找到什麼有趣的「風水局」吧！

| DATA |

🏠 葡京路 🚌 3、3A、8、10、10A、10B、12、22、23、25、25X、28A、28BX、28C、32 公車 (葡京酒店站下車，步行約 2 分鐘)，或 2A、3、3A、3X、5X、7A、8、8A、9、9A、10、10A、10B、10X、11、12、21A、22、23、25、25X、26A、28A、28BX、28C、32、33、39、50、50X、H1、MT1、MT2 公車 (亞馬喇前地站下車，步行約 2 分鐘)

觀音蓮花苑 G
宛如西方聖母的體態與神情

觀音像大家見過不少，可是有否見過分不清是聖母瑪利亞，還是觀音的觀音像？位於美高梅酒店對開的這尊觀音像，體態和神情都與西方的聖母無異，由此可見，澳門真的是個中西文化交融之地呢！

| DATA |

🏠 新口岸孫逸仙大馬路對開人工島上 🚌 3A、8、10A、12 公車 (新口岸/文化中心站下車，步行約 5 分鐘)，或 10A、17 公車 (觀音蓮花苑站下車，步行 1 分鐘)

澳門回歸賀禮陳列館 H
陳列各省賀禮的收藏館

為了祝賀澳門特別行政區回歸，各個省分送來了各種特別的賀禮，現在都收藏在這間陳列館裡，當中有金碧輝煌的黃金製品，有手工精美的木製雕刻，而最引人注目的，是前國家主席江澤民的親筆題字。

| DATA |

🏠 新口岸冼星海大馬路 (文化中心旁) 🚌 3A、8、10A、12、17 公車 (澳門文化中心站下車，步行約 5 分鐘) ⏰ 10:00～19:00(18:30 停止入場) 🚫 週一 💲 免費

阿露娜印度皇室咖哩

道地的印度咖哩與各款菜式

澳門的印度餐廳不算很多，若想試試傳統的印度咖哩，很推薦位於金蓮花廣場附近的阿露娜。由印度人主理，不論是裝潢或是食物，都充滿了濃厚的印度風味。在這裡可以嘗到很多特別的印度菜式——咖哩、烤餅、薄餅、瑪沙拉、黃豆脆豆餅、印度香料乳酪、煎蛋角等，款式多樣，只是價錢略貴，

分量也不太足夠。

| DATA |

📍 新口岸畢仕達大馬路 92 號鴻安中心地下 A 鋪

🚌 1A、3、10、10B、28A、28B、28BX、28C、32 公車（理工學院站下車，步行約 5 分鐘）

⏰ 11:30 ～ 23:00

Best 1

約 $ **55**

🍴 ★★★★☆
CP ★★☆☆☆

咖哩雞

咖哩的香味非常濃郁，尤其是這道菜靈魂所在的汁料，用各種印度香料製成，辣度適中，很容易入口，無論是配合米飯或是薄餅來吃都非常滋味，吃完後齒頰留香，令人回味。只是一小碗五十多元，實在是有點貴。

Best 2

約 $ **40**

🍴 ★★★★☆
CP ★★☆☆☆

印度香料炒飯

這道飯並沒有任何配料，看似像白飯一樣平平無奇，然而，細心留意下會發現上面撒滿了豐富的香料，再配合跟我們平日所吃不同，形狀偏長的飯粒，充滿印度風味，只是花四十多元只能叫來一道沒一塊肉，也沒一條菜的炒飯，未免是太貴了。

烤餅

餅烤得十分香脆，建議配合咖哩一起吃，把餅皮沾滿香濃的咖哩進食分外美味。

Best 3

約 $ **20**

🍴 ★★★★☆
CP ★★☆☆☆

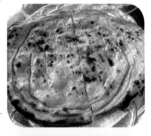

甜蜜圓

這是以椰蓉做成的一道小巧甜點，再鋪上一層薄薄的糠漿，一絲絲香甜留在口中，令人深深為之吸引。也許是為了遷就澳門人的口味，甜度並不像之前吃過的傳統印度糕點那麼強烈，而且也沒有用上那麼多色素（印度人都愛把糕點用人造色素染成鮮豔的色彩），吃時會更加放心。

Best 4

約 $ **12**

🍴 ★★★★☆
CP ★☆☆☆☆

新口岸葡國餐
鮮味十足的海鮮焗飯

新口岸區一帶葡國餐廳臨立，這一家新口岸葡國餐卻特別熱鬧，若不預早訂位恐怕一位難求。雖然價錢並不算便宜，可是食物水準不錯，而且也很有創意，除了一些傳統葡國料理，像葡式焗鴨飯、薯絲馬介休、葡式烤牛肋骨等以外，還有澳葡菜像血鴨和葡國雞。更特別的是他們參考西班牙海鮮飯而研製的葡式海鮮原煲焗飯，是最具特色，最值得推薦的誠意之作。

| DATA |
- 澳門新口岸宋玉生廣場中裕大廈606H－606G地下
- 1A、3、10、10B、28A、28B、28BX、28C、32公車（高美士何賢公園站下車，步行約5分鐘）
- 12:00～00:00

葡式海鮮原煲焗飯

一煲香噴噴又分量十足的海鮮焗飯足夠兩位享用。海鮮豐富又焗得鮮味，蟹肉、大蝦、魷魚，還有大大塊的魚柳，用料十足。飯粒呈橙紅色，滲滿了充滿海鮮天然香味的汁料，非常惹味。口感較濕較軟，跟中國人平常吃的飯有所不同，容易入口，是來這餐廳的必吃之作！

Best 1　約 $ **93**
★★★★☆
CP ★★★☆☆

血鴨跟飯

不要被這道美食的名字和那漆黑黑的賣相嚇壞，血鴨其實是很有特色，很值得嘗試的澳葡美食喔！那黑黑的汁料，其實是以鴨血和香草混合而成，帶出鴨肉的鮮味。這家餐廳的血鴨質素也算可以，只是肉質稍嫌不夠柔軟，而且每件鴨肉都是大大件的，較為粗枝大葉，吃起來也有點困難。

Best 2　約 $ **85**
★★★☆☆
CP ★★★☆☆

玩家帶路指南

澳葡菜 VS. 葡國菜

吃葡國菜已成了很多遊客來澳的指定動作了，但大家可知道你們吃的到底是澳葡菜還是葡國菜呢？其實，很多人都搞不清這兩者的分別。

葡國菜，顧名思義是來自葡國的，味道較為濃烈，大甜大鹹。因為葡國位於沿海地區，採用了大量海鮮，做出像薯絲馬介休（一種葡國鱈魚）、炒蜆等美食。然而，葡國人的口味和澳門人有所不同，所以一些土生葡人（即是葡國人和中國人所生的後代）便揉合了中國和葡國料理的風格，自創出澳葡菜這種特別料理方式。

澳葡菜最大的特色是多樣化，因為葡國人來澳門時途經多個國家，如馬來西亞、印度、非洲等等，因此，澳葡菜也加入了這些國家的風味，可謂是集各家於大成，充分表現了各種文化共融的特色。不說不知，就像揚州沒有揚州炒飯，星洲沒有星洲炒米一樣，在葡國也是吃不到葡國雞的喔！因為葡國雞並不是葡國菜，而是澳葡菜。其他澳葡菜式還包括了血鴨、非洲雞等。下次不要再把澳葡菜和葡國菜搞錯啦！

樂宮餅店
送禮新意──曲奇餅

來澳門買伴手禮，大都離不開杏仁餅、鳳凰卷之類，若想來點新意，很推薦樂宮餅店的曲奇餅。這間餅店售賣的西餅既多款式水準又高，其中最著名的當然是馳名中、港、澳的曲奇餅了，分為腰果和核桃兩種口味，當中以腰果最受歡迎，每逢節慶時也會售罄缺貨，不單受遊客歡迎，也是不少本地人的送禮佳品呢！

| DATA |

總店
🏠 南灣葡京路 2-4 號葡京酒店地庫
🚌 2A、3、3A、3X、5X、7A、8、8A、9、9A、10、10A、10B、10X、11、12、21A、22、23、25、25X、26A、28A、28BX、28C、32、33、39、50、50X、H1、MT1、MT2 公車（亞馬喇前地站下車，步行約 2 分鐘）

分店
🏠 新馬路 423 號地下
🚌 2、3、3A、3X、5、7、10、10A、11、18、21A、26A、33 公車（新馬路／大豐站下車，步行約 3 分鐘），或 3、4、6、8A、18A、19、26A、33 公車（新馬路／永亨站下車，步行約 2 分鐘）
⏰ 08:30～18:30

👑 Best 1　約 $ **45** (小)
約 $90（中）、約 $120（大）

🍪 ★★★★☆
CP ★★★☆☆

腰果曲奇餅

曲奇餅非常酥脆鬆化，牛油味道恰到好處，不會肥膩，非常容易入口，配合一粒粒的腰果，口感一流，令人吃完一塊又是一塊，愛不釋手，很讚！

新口岸風水陣大鬥法

新口岸賭場臨立，數目之多就如便利店一樣，走到這條街，轉了那個彎，都會發現賭場就在你附近。因為賭場的經營者，不論是華人還是西方人，都希望能藉著風水陣來贏取賭客的金錢或打擊同業對手，於是大家都各出其招，無論在建築物外型或是賭場內的設計格局，都經過風水師的悉心設計，而整個新口岸區，就成了賭場風水陣大鬥法的激烈戰場！

葡京大堂天花繪畫著搶錢的海盜船

葡京酒店 網住賭客的著名風水

葡京酒店的風水陣向來是十分著名的，用來困住賭客的鳥籠外型，大門前的吸血（錢）蝙蝠，大堂天花板上繪畫著搶賭客錢的海盜船等等。而新葡京賭場也不遜色！根據風水師所說，首先，整座建築物都是金色，代表了金；而接載賭客前來的酒店接駁車以綠色為主，代表了木，而金是能剋制木的，這樣就能贏賭客的錢了。除了顏色外，其外型設計同樣別出心裁，外牆上的裝飾就像一把把利刀刺向賭客，而大堂內像魚餌的吊飾亦能引賭客上鉤，天花板上的魚網形設計正好可以把魚兒（賭客）網住。

葡京大門前的吸血蝙蝠

葡京的鳥籠外型可以困住賭客

永利的外型像一把鐮刀

永利酒店 結合風水和科學原理

　　葡京對面的永利則結合了風水和科學原理。風水方面，利用像鐮刀一樣的外型，以及大堂裡血紅色的大吊燈，營造出陣陣殺氣。同時在酒店門前豎立了一個像火炬形狀的大屏幕，以利用火炬吸取財氣。除了風水以外，還充分利用了科學原理，散發著令人舒服的香氣，還有令人模模糊糊的昏暗燈光，在賭客鬆弛和昏昏欲睡的狀態下，賭場贏錢便會更多了。

永利大堂血紅色的吊燈殺氣騰騰

永利的火炬型屏幕可以吸財

美高梅金殿 能收能放的金水陣

　　美高梅金殿的形狀同樣非常獨特，波浪形的設計就像水一樣，能收能放，以柔制剛。而顏色則採用了三種金屬色彩——金、銀和玫瑰金，與水一起構成了金水陣。門前向海的大獅子，一來可以鎮守海岸，二來也可以狠狠殺賭客一筆；而大堂內的裝飾，同樣製造出如夢似幻的效果，再加上酒店裡那一陣陣幽香，足以「迷幻」賭客，跟永利的設計有著異曲同弓之妙。

　　當然，風水陣的說法不能盡信，不過，當遊覽賭場時，不妨可以試試找找這些別出心裁的有趣設計，定會為你的旅程增添不少趣味呢！

美高梅的波浪設計，以水為主題，以柔制剛

美高梅有金色的大獅子鎮守

美高梅大堂設計如夢似幻

氹仔

氹仔已從以前的幽靜離島，搖身一變成為最受遊客歡迎的旅遊區，從早到晚都遊人如織的官也街，拍照熱點龍環葡韻，還有來澳門必遊的威尼斯人度假村，為這個原本寧靜的小島注入了不少吸引力和商機。

跛 腳 梯

ESCADA DO COXO

玩家 散步路線

地堡街及氹仔市集（約2分鐘）→路氹歷史館（約2分鐘）→
官也街及澳門旅遊紀念品批發中心（約5分鐘）→氹仔市政
公園及嘉模教堂（約1分鐘）→龍環葡韻（利用自動步道，約
15分鐘）→威尼斯人度假村（約5分鐘）→新濠天地

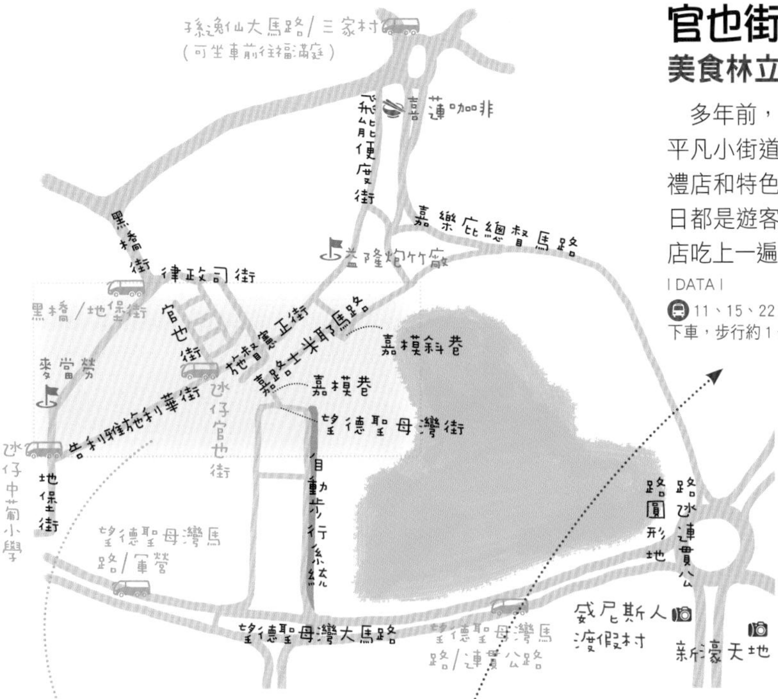

孫逸仙大馬路／三家村
（可坐車前往福滿庭）
喜蓮咖啡
飛能便度街
嘉樂庇總督馬路
益隆炮竹廠
黑橋街
律政司街
黑橋／地堡街
官也街
施督憲正街
嘉路士米耶馬路
嘉模斜巷
麥當勞
嘉模巷
告利雅施利華街
氹仔官也街
望德聖母灣街
氹仔中葡小學
地堡街
自動步行系統
路氹圓形地
路氹連貫公路
望德聖母灣馬路／軍營
威尼斯人渡假村
望德聖母灣大馬路
望德聖母灣馬路／連貫公路
新濠天地

官也街

美食林立的熱鬧小街

多年前，官也街只是氹仔舊區裡的一條平凡小街道，但時至今日，這裡已是伴手禮店和特色食店林立，不管是平日還是假日都是遊客如織，非常熱鬧，到街上的食店吃上一遍，保證會肚子飽飽地出來。

| DATA |

11、15、22、28A、30、33、34 號公車（氹仔官也街站下車，步行約 1 分鐘）

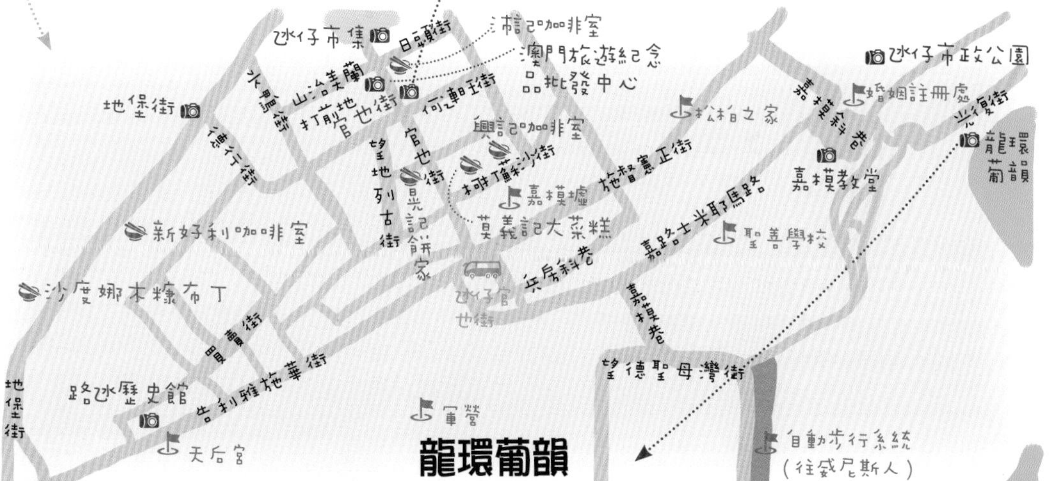

氹仔市集
日頭街
沛記咖啡室
澳門旅遊紀念品批發中心
氹仔市政公園
水鴨街
山治美蘭
打崩地
官也街
何德琛街
地堡街
德行街
興記咖啡室
松柏之家
嘉模斜巷
婚姻註冊處
光復街
龍環葡韻
望地列古街
官也街
晃記餅家
晰蘆利沙街
嘉模墟
施督憲正街
嘉模教堂
莫義記大菜糕
新好利咖啡室
嘉路士米耶馬路
聖善學校
兵房斜巷
沙度娜木糠布丁
氹仔官也街
買賣街
嘉模巷
望德聖母灣街
地堡街
路氹歷史館
告利雅施華街
軍營
天后宮
自動步行系統（往威尼斯人）

龍環葡韻

感受昔日葡人的生活風貌

龍環是氹仔以前的名字，葡韻是指葡式建築，龍環葡韻是充滿葡國歐陸建築風格的建築群。其中住宅博物館仍保留著昔日葡人的家居風貌，包括家具和各種生活物品等，可以讓參觀者對葡人的生活有更深了解，是遊人到氹仔的必遊景點。使用龍環葡韻附近的自動步道，可以輕鬆到達威尼斯人度假酒店。

| DATA |

澳門氹仔海邊馬路　11、15、22、28A、30、33、34 號公車（氹仔官也街站下車，步行約 5 分鐘），或 25、25X、26A、35、MT1、MT2、MT3（望德聖母灣馬路／紅樹林站，利用自動步行系統前往，約 5 分鐘）10:00 ～ 18:00(17:30 停止入場)，休 週一 $ 住宅博物館門票在茶水亭發售，澳門幣 $5，學生及團體票 $2，12 歲以下或 65 歲以上免費入場（週日免費）

威尼斯人度假村 Ⓐ
猶如身在威尼斯的大型度假村

　　這是一間仿照真正威尼斯設計的大型度假酒店，酒店的設計包括了威尼斯最著名的地標——杜奇皇宮、嘆息橋、雷雅托橋、鐘樓等。裡面的大運河購物中心，就儼如威尼斯迷宮一樣的街道，抬頭還能看到蔚藍的天空（這其實是天花板喔）。在室內和室外都可坐貢多拉小船遊覽，船夫會一邊划船，一邊高歌，就像置身在真正的威尼斯一樣！購物中心裡有多間著名店鋪，還包括在澳門唯一一間曼聯球隊主題精品店，是球迷的朝聖之地。

| DATA |
🏠 澳門望德聖母灣大馬路 路氹金光大道 🚌 15、21A、25、25X、26、26A、N3 公車 (N3 為深夜行駛巴士，連貫公路／巴黎人站下車，步行約 1 分鐘)

澳門旅遊紀念品批發中心 Ⓑ
各種特色古怪的紀念品

　　集合了多款澳門特色紀念品，價錢也很合理。推薦澳門街道牌磁石（有各種古怪有趣的街名，是很具特色的紀念品）、葡國雞擺設、籌碼形狀精品。

| DATA |
🏠 官也街 44 號地下 🚌 11、15、22、28A、30、33、34 號公車 (氹仔官也街站下車，步行約 2 分鐘) 🕙 10:00 ～ 22:00

地堡街及氹仔市集 Ⓒ
雲集異國美食的特色街道

　　地堡街在官也街附近，雲集了日本料理、葡國菜、西班牙菜、義大利菜等多國美食，可以在這裡盡情大快朵頤。每逢週日在地堡街氹仔街市前空地還有很有特色的市集，麻雀雖小，五臟俱全，可以找到各種有趣又便宜的精品及小工藝品，值得一逛。

| DATA |
🚌 11、15、22、28A、30、33、34 號公車 (氹仔中葡小學站下車，步行約 1 分鐘)

官也墟 Ⓓ
擁有許多澳門藝術家的作品

　　在官也街閒逛時，很容易會被這座外型獨特又色彩繽紛的建築吸引，很多人都會以為這是咀香園餅店，不過，當你更上一層樓時，會發現這裡充滿文化藝術氣息，用各國紙幣做成的時鐘、用郵票製成的椅子、還有懷舊的郵筒等等，設計別緻又新穎，可以在這裡拍拍照，也可以購買一些澳門藝術家的作品作為伴手禮。

| DATA |
🚌 11、15、22、28A、30、33、34 號公車 (氹仔中葡小學站下車，步行約 1 分鐘)

路氹歷史館 **E**
前身為海島市政廳

今日在氹仔看到的是金碧璀璨的大型酒店，在路環是高樓林立的民居，大家可想知道以前的氹仔和路環是什麼樣子的？一起來這間歷史博物館看看吧！這裡的前身為海島市政廳。交通很方便，就在美食雲集的官也街附近，在品嘗美食之餘，了解一下澳門離島的歷史風貌也不錯喔！

| DATA |

🏠 氹仔告利雅施利華街 🚌 11、15、22、28A、30、33、34 號公車（氹仔中葡小學站下車，步行約 1 分鐘）🕙 10:00 ～ 18:00（17:30 停止入場）🚫 週一 💲 成人 $5，持學生證或 10 人以上團體票 $2，12 歲以下或 65 歲以上免費入場（週日免費開放）

氹仔市政公園（嘉模公園）及嘉模聖母堂 **F**
供旅人充電歇息的小園地

從官也街前往龍環葡韻，你會看到一條名字很有趣的梯級，叫「跛腳梯」（見圖），再沿著上坡路走上去，在龍環葡韻的不遠處，會見到有一個美麗的小花園，這花園的設計以線條優美的幾何圖案為主，充滿歐洲風情。附近還有全氹仔唯一的教堂，在 1885 年建成的嘉模聖母堂。公園裡有石亭和石凳供人休息，附近還有一條在澳門所剩無幾的懷舊「石仔路」（即碎石路），充滿了歐陸風情，走累了不妨來這裡歇息一下，充好電後繼續旅程吧！

| DATA |

🏠 氹仔海邊馬路側 🚌 11、15、22、28A、30、33、34 號公車（氹仔官也街站下車，步行約 5 分鐘），或 25、25X、26A、35、MT1、MT2、MT3 公車（望德聖母灣馬路／紅樹林站下車，利用自動步行系統前往，約 10 分鐘）🕙 全日

新濠天地 **G**
令人嘆為觀止的水舞間表演

新濠天地有著令遊客都歎為觀止的水舞間表演。水舞間投資超過 20 億製作，以一個相當於 5 個標準奧林匹克泳池容量的水中劇院為舞台，融合了各種高難度的表演，很多觀眾看過都好評如潮。

| DATA |

🏠 路氹連貫公路（路氹金光大道第四地段旁）🚌 15、21A、25、25X、26、26A、N3 公車（N3 為深夜行駛巴士，連貫公路／新濠天地站下車，步行約 1 分鐘）

新好利咖啡室
超夯人氣鮮奶蛋撻

澳門的蛋撻（蛋塔）是著名的小吃，除了安德魯的葡撻外，新好利的鮮奶撻也很值得一試。每每在下午茶時段定必滿座。若是找不到座位的話，外帶幾個蛋撻到附近的公園或休憩區享用，也是不錯的選擇。

I DATA I
- 氹仔地堡街 13-15 號
- 11、15、22、28A、30、33、34 公車（氹仔中葡小學站下車，步行約 3 分鐘）
- 07:30 ～ 18:30

鮮奶蛋撻

鮮奶又香又滑，放進口中有種要融化的感覺，而且味道比葡撻清淡，甜度適中，好吃！

Best 1　約 $ 8
★★★★☆
CP ★★☆☆☆

沙度娜木糠布丁
知名度最高的木糠布丁

來到澳門，當然不能不試著名的木糠布丁了！這款布丁是因為表面上鋪滿像木糠一樣的馬利餅碎粒而得名。售賣這種甜點的店鋪越開越多，不過當中還是以沙度娜知名度最高。的確，他們的布丁非常好吃！放進口裡有種融化的美妙感覺，只是價錢較貴，但既然來到澳門，不試一下總覺得遺憾。

I DATA I
- 氹仔地堡街 195 號
- 11、15、22、28A、30、33、34 公車（氹仔中葡小學站下車，步行約 3 分鐘）
- 011:00 ～ 21:00

木糠布丁

粒粒的木糠配上軟滑的布丁，口感很好。有多種口味可以選擇，個人推薦原味、藍莓流心味及芒果綠茶味。原味是最傳統的口味，香味濃郁，口感特別，初嘗木糠布丁者必試。在夏天適合吃味道較清新的芒果綠茶，兩者配合起來，散發陣陣清香，清爽怡人。想創新一點的，可試試藍莓流心，藍莓味道酸酸甜甜，再配上中間的流心巧克力，味道特別。

Best 1
約 $ 15 ～ 16
★★★★☆
CP ★★☆☆☆

沛記咖啡室
香味噗鼻的暖烘烘蛋糕

對比起莫義記 1 小杯 15 元的大菜糕，和新好利 1 個 8 元的鮮奶撻，沛記 5 元的合桃（即核桃）蛋糕，價錢絕對是比較親民的。碰巧遇上新鮮出爐的時間，買一個熱烘烘香噴噴的蛋糕來吃，那滋味真的很好呢！

I DATA I
- 氹仔官也街 25 號
- 11、15、22、28A、30、33、34 公車（氹仔官也街站下車，步行約 3 分鐘。）
- 07:00 ～ 18:00

合桃蛋糕（又名激仔）

牛油味道很濃很香，配合核桃口感非常好，特別在新鮮出爐吃時更是香味四溢，很讚！

Best 1　約 $ 6

★★★★☆
CP ★★☆☆☆

興記冰室
主打料多實在的義大利麵

約 $ 36

★★★★☆
CP ★★★☆☆

　　興記冰室位於官也街附近，在莫義記的隔幾間店鋪。它是一間很有懷舊風味的食店，以通粉、義大利麵（意大利粉）等菜式馳名。坐在他們的「卡位」（靠在牆壁，有長靠背的排椅）裡，點一客用料豐富的意大利粉，感受那種古老冰室的風情，真是一件賞心樂事！平時一位難求，適宜避開午飯高峰時間來到，不然就要有在門外排隊等位的準備了。

雜扒意大利粉

　　酸中帶甜的意大利粉醬令人食慾大增，意大利粉煮得口感幼滑，而且用料豐富，煎得香香的豬扒、煎蛋、香腸、火腿等等，令人吃得非常滿足。

I DATA I
- 氹仔柯打蘇沙街 18 號
- 11、15、22、28A、30、33、34 公車（氹仔官也街站下車，步行約 3 分鐘）
- 07:00 ～ 18:00

莫義記大菜糕
價格不俗的美味菜糕

　　從前的莫義記，大菜糕價錢合理，味道又好，分量又足，可是，多年後，從前 1 杯 6 元的原味大菜糕，現在是十幾元，起價足兩倍多，分量卻少了很多。不過，雖然價錢是貴，但在澳門能吃到這麼好吃的大菜糕的地方真的不多，大家也只好忍痛多花點錢了。

I DATA I
- 氹仔官也街 9 號 A
- 11、15、22、28A、30、33、34 公車（氹仔官也街站下車，步行約 3 分鐘）
- 07:30 ～ 19:30

Best 1

約 $ 15

★★★★☆
CP ★☆☆☆☆

芒果大菜糕

　　芒果味道清香，大菜糕很有彈性很清爽，味道不俗，只是 15 元只得一小碗，實在是太貴了。

Best 2

約 $ 15

★★★★☆
CP ★☆☆☆☆

蛋花大菜糕

　　這是較有傳統風味的一款大菜糕，蛋花散發著淡淡清香，味道不及芒果大菜糕濃厚，但那清香卻給人難忘印象，多試了新口味，有時返璞歸真也很不錯。

福滿庭
大受歡迎的澳門第一包

　　雖然位於較偏遠的路氹城區，可是福滿庭卻仍大受茶客歡迎，很多客人都是因他們的有名的「澳門第一包」慕名而來。所謂「澳門第一包」，即是叉燒餐包，也是福滿庭聞名的招牌菜，很多客人一點便是半打或一打，可見其受歡迎程度。因為這是必點點心，很快就會售罄，要試的話，第一包會在早上約 11 點半出爐，記得準時來買喔！

| DATA |
- 路氹城南部路氹填海區皇庭海景酒店 1 樓
- 25、25X、26A、35、MT1、MT2、MT3、MT4 公車（奧林匹克游泳館站下車，步行約 15 分鐘）
- 09:30 ～ 15:00，17:30 ～ 23:00

Best 1

約 $ **17**（半打）

★★★★★

CP ★★☆☆☆

澳門第一包（叉燒餐包）

　　不愧是「澳門第一包」！這是吃過的叉燒餐包中最美味的！麵包充滿光澤，賣相極好，一咬下去，又鬆軟又幼滑，口感極佳，配合蜜汁叉燒，甜甜香香的，非常好吃！吃完後香味仍留在口中，令人再三回味！

Best 2

約 $ **25**

★★★★☆

CP ★★☆☆☆

牛肉球

　　坦白説，三個牛肉球二十多元，實在是貴了點，還好的是，牛肉本身很鮮嫩，而且是以西洋菜為配菜，澳門其他酒樓多數是用腐竹，所以比較特別，感覺上牛肉球配合西洋菜比配合腐竹更有風味。

網絲三文魚卷

　　這是在其他酒樓沒見過的一款點心。三文魚常在日式料理見到，但在粵式點心卻極為少見，故此這款點心單憑創意已值很高分了，而且味道也非常好！三文魚肉像蝦肉一樣彈牙鮮甜，再在上面點綴三文魚子和沙拉醬，美味又難忘。到福滿庭除了要試他們的澳門第一包以外，亦很推薦這款特別的點心！

Best 3

約 $ **29**

★★★★★

CP ★★★☆☆

排骨陳村粉

　　這也是平時較少見的點心，陳村粉嫩滑中帶點Q度，口感很好，而且滲著排骨的香味，感覺既特別又好吃！

Best 4

約 $ **25**

★★★★☆

CP ★★★☆☆

合桃金露酥

Best 5

約 $ **29**

🎀 ★★★★☆
CP ★★★☆☆

其實這和平時吃到的合桃酥差不多，不過加入了蓮蓉餡，而且還可以吃到核桃，外皮也較酥脆，是很不錯的一款甜點！

蜜汁叉燒酥

Best 6

約 $ **25**

🎀 ★★★★☆
CP ★★★☆☆

福滿庭除了叉燒餐包以外，叉燒酥也很好吃。熱辣辣的叉燒很香，配合鬆脆的酥皮，非常可口美味！

晃記餅家
各大媒體、美食家都說讚

晃記是澳門的老字號餅家之一，在光緒年間已經存在，它主要提供傳統中式糕餅，最著名的有肉切酥、金桃酥和雞仔餅。因為曾受到多間媒體和知名食評家推薦，生意不管是平日還是假日都相當好，特別以肉切酥最受歡迎，需要有花多點時間排隊的心理準備。

| DATA |
🏠 氹仔官也街 14 號
🚌 11、15、22、28A、30、33、34 公車 (氹仔官也街站下車，步行約 3 分鐘)
⏰ 08:30 ～ 21:00

Best 1

約 $ **14**(1 包)
1 盒 (3 包) 約 $36

🎀 ★★★★☆
CP ★★★☆☆

肉切酥

晃記的肉切酥是我吃過的肉切酥中最好吃的，散發著濃濃的腐乳味，風味獨特，而且又香又脆，吃完後齒頰留香，令人愛不釋手，吃完一塊又是一塊。

Best 2

約 $ **30**
1 盒 (10 個)

🎀 ★★★★☆
CP ★★★☆☆

金桃酥

金桃酥是在其他中式餅店較難吃到的。外層像港式西餅菠蘿包，內餡的糖冬瓜，吃時有著像麻糬一樣的口感，軟綿綿的又不會太甜，十分推薦！

喜蓮咖啡
口碑打響名號，客源不絕

喜蓮是一間口碑不錯的食店，除了招牌美食紅豆冰外，他們的很多款菜式，像牛尾湯通粉、炸雲吞、豬扒包、咖哩角等都大獲好評，而且價錢合理，所以客似雲來，在中午時分特別擁擠。雖然跟龍環葡韻等景點有一點點距離，但仍有不少遊客特意前往光顧，足以可見它的魅力了。

| DATA |
- 氹仔飛能便度街南龍花園地下 84B
- 11、15、22、28A、30、33、34公車（泉悅花園站下車，步行約1分鐘）
- 07:00 ～ 17:30
- 休 週日

Best 1
約 $ **21**
★★★★☆
CP ★★★☆☆

紅豆冰

粒粒紅豆非常柔軟，口感特佳，有種入口即溶的感覺。配合透心涼的冰塊，還有香滑的椰汁，走得累了渴了叫來一杯，真的分外滿足呢！

Best 2
約 $ **21** (1 份 2 片)
★★★★☆
CP ★★★☆☆

咖哩角

咖哩角是一種油炸小吃，呈三角形狀，內餡是香濃的咖哩。喜蓮的咖哩角比很多店鋪好吃，是因為他們採用麵包作為咖哩角外皮，炸起來會分外酥脆，而且一片咖哩角的分量也比一般餐廳大。

玩家帶路指南

港澳台剉冰比一比

港澳剉冰

在台灣時常能吃到泡泡冰和綿綿冰，在澳門也一樣可以吃到冰，不過兩者是很不同的喔！台灣的食店喜歡把冰刨成粉狀，再淋上牛奶、配合紅豆和各種水果等配料，堆成小山一樣，吃時連冰一起吃下，口感綿綿，十分美味。

而澳門的冰不是刨冰，而是採用一粒粒的冰塊，配合不同的材料，如紅豆、菠蘿、雜果等等。當然，這麼硬的冰並不能直接吃下，它的主要作用是令飲品更冷很解渴。冰塊會慢慢融化，最後與飲品合為一體，雖然口感不及台灣的，但卻是相當解渴清爽的呢！

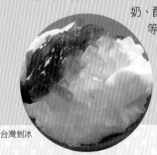

台灣剉冰

Best 3　約 $ 40　★★★★☆
CP　★★★☆☆

咖哩牛腩豬仔包

　　要吃出這款美食的真髓，記緊必須把豬仔包沾上咖哩牛腩汁去吃，那滋味真是難以用筆墨形容喔！豬仔包本身的香脆口感，再配合令人印象難忘的咖哩汁，實在是配合得天衣無縫！牛腩燜得又柔軟又入味，是來到喜蓮非試不可的美食！

Best 4　約 $ 25　★★★★☆
CP　★★★☆☆

紅豆冰奶茶

　　紅豆冰大家可能吃過，奶茶也會喝過，但紅豆冰加奶茶大家又有否試過呢？甜絲絲的紅豆冰，配合香濃的奶茶，感覺非常特別，這款飲品不但有創意，而且十分解渴，尤其在炎炎夏日喝一口真的非常棒呢！

　玩家帶路指南

人氣最旺的手信街──氹仔官也街

　　來到澳門當然不能不試著名的手信（即伴手禮）啦！澳門最著名的手信有杏仁餅、豬肉乾、紐結糖、薑糖、花生糖等等。澳門有很多條著名的「手信街」，其中人氣最旺的，當然是位於大三巴牌坊附近的行人專用區和氹仔的官也街了！來到這裡，你一定會發現一個奇景，就是整條街上都站滿了拿着各式各樣手信，提供試吃招攬客人的店家，從前大三巴一帶更曾出現豬肉乾店家一邊拿着剪刀剪着肉乾，一邊請客人試吃，「剪刀霍霍向遊客」的別開生面景象，只是後來因為太危險被禁止了。要吃遍各式各樣的澳門手信，其實一分錢也不用花喔！只要在「手信街」從頭至尾走一遍，從第一間店吃到最後一家，保證會吃得飽飽，省下不少金錢，而且可以等試完各間店鋪，貨比三家後，再慢慢挑選心頭好給親朋好友也不遲呢！

Area 11 路環

路環可說是澳門的最後一塊淨土，也是整個澳門最能保存漁村風情的地方，在寧靜的市區巷弄漫步到海邊的魚欄，還有昔日的造船廠和碼頭，遠離塵囂，所有煩惱頓時拋開，原本疲憊的心靈也得到洗滌。

賊仔圍

AZINHAGA DOS PIRATAS

玩家 👣 散步路線

石排灣郊野公園，熊貓館及土地暨自然博物館（搭 15、21A、25、26、26A、50、N3 公車，約 10 分鐘）→路環市區（步行約 3 分鐘）→聖方濟各教堂（步行約 2 分鐘）→譚公廟（搭 15、21A、25、26A 公車，約 10 分鐘）→竹灣海灘（搭 15、21A、25、26A 公車，約 10 分鐘）→黑沙海灘（搭 15 公車，約 5 分鐘）→黑沙水庫郊野公園

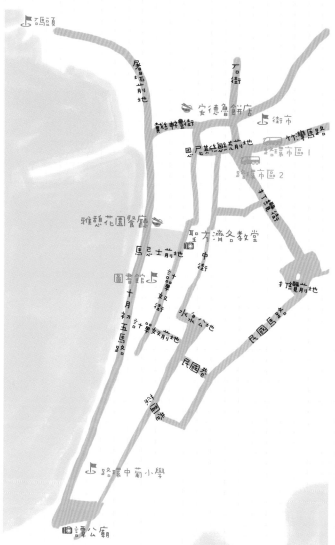

黑沙海灘
結合綜合運動中心的知名沙灘

　　黑沙沙灘是澳門知名的海灘，最特別之處為海灘上的沙粒是黑色的，因而得名「黑沙」。旁邊設有綜合活動中心，如網球場、排球場、小型高爾夫球場等。也設有水上活動中心及青年中心。

| DATA |

🏠 路環南端　🚌 15、21A、25、26A 公車（黑沙海灘站下車，步行約 2 分鐘）

石排灣郊野公園及熊貓館
親子同樂的小天堂

　　這是一個適合一家大小共聚天倫的地方，公園裡飼養了多種動物，如火烈鳥、梅花鹿、長臂猿、環尾狐猴等，設有土地暨自然博物館及熊貓館，可以一睹一對中央贈澳的大熊貓「開開」和「心心」的可愛模樣。

| DATA |

🏠 澳門路環石排灣大馬路　🚌 15、21A、25、26、26A、50 公車（路環自然教育中心站下車，步行約 2 分鐘），或 15、21A、25、26、26A、50 公車（石排灣郊野公園站下車，步行約 2 分鐘）⏰ 08:00～18:00　💲 郊野公園免費，熊貓館 $10

土地暨自然博物館 Ⓐ
帶你走進自然，遠離塵囂

這裡展示了很多昆蟲和植物的標本，還有一些耕作工具，讓都市人放下繁囂生活走進自然，重要收藏有來自塞舌爾群島的海底椰種子，它是目前地球上體積最大的種子標本之一，十分珍貴。

| DATA |

🏠 路環石排灣郊野公園內　🚌 15、21A、25、26、26A、50 公車（路環自然教育中心站下車，步行約 2 分鐘）🕐 10:00～18:00 🈲 週一，公眾假期除外 💲 免費

聖方濟各教堂 Ⓑ
巴洛克建築的黃色教堂

建於 1928 年，為巴洛克式風格建築。教堂外觀為黃色，收藏了聖方濟各的手骸聖鐲。教堂莊嚴肅穆，設有圖片展覽，介紹方濟各的傳教事蹟。教堂外的小廣場充滿歐陸的悠閒風情，置身其中舒適寫意。

| DATA |

🏠 路環計單奴街　🚌 15、21A、25、26、26A、50 公車（路環市區站下車，步行約 3 分鐘）🕐 10:00～17:00

竹灣海灘 Ⓒ
白色細沙，水質清澈

竹灣沙灘水清沙白，很受泳客歡迎，亦設有水上活動中心，可以享受獨木舟、風帆及帆船的樂趣。然而，這裡地形較複雜，曾發生多次泳客遇溺事件，游泳時需要倍加小心。

| DATA |

🏠 路環南端　🚌 15、21A、25、26A 公車（竹灣海灘站下車，步行約 2 分鐘）

黑沙水庫郊野公園 D
兼具玩樂與烤肉的休閒場所

位於黑沙海灘附近，有各種遊樂設施，如吊橋、腳踏船、小型碼頭、露天茶座、籃球場和羽毛球場、露營場地等，並可於水壩前面的燒烤場享受燒烤樂趣。

| DATA |

🏠 黑沙海灘以北的山谷　🚍 15公車（黑沙水庫站下車，步行約1分鐘）
⏰ 09:00～18:00

譚公廟 E
擁有百年歷史的龍舟

這座供奉譚先聖的古廟，最特別之處在於廟裡保存的一隻由鯨骨雕製而成，已有百多年歷史的龍舟，據說觸摸龍舟會帶來好運。

| DATA |

🏠 路環十月初五街　🚍 15、21A、25、26、26A、50公車（路環市區站下車，步行約5分鐘）　⏰ 08:30～17:30

路環市區 F
充滿驚喜的尋訪街名之旅

澳門有不少名字有趣的街道，其中很多都位於路環安德魯餅店附近的舊城區。隨著社會急速發展，路冰也成了高樓大廈的天下，然而，在舊城區仍保留著許多樸實又充滿風情的街巷。在這些街巷中穿梭，不單可體驗舒服悠閒，遠離塵囂的感覺，更可展開一段尋找有趣街道的奇趣之旅！

走著走著，你會發現許多意想不到的街名喔，像是賊仔圍、音調巷、肥胖圍、美女巷、郵電巷、情人街、入便街、雞毛巷、蟻巷，還有位於路環的冰仔巷等等，每一個街角都充滿趣味和驚喜。

| DATA |

🏠 路環市區　🚍 15，21A，25，26，26A，50公車（路環市區站下車，步行約1分鐘）

雞毛巷 TRAVESSA DO PENACHO

美女巷 TRAVESSA DAS LINDAS

賊仔圍 AZINHAGA DOS PIRATAS.

安德魯餅店
澳門葡撻的鼻祖店

很多遊客都喜歡品嘗安德魯的葡式蛋撻，他們多數會去路環總店，不過，其實在氹仔澳門大學圖書館的分店，環境更舒適亦更有情調。除了葡式蛋撻外，還有許多值得一試的包點——三文治，義大利包或中東包。三者都分量十足，可以選擇多種主要材料，如腸仔雞蛋、芒果雞肉、吞拿魚等等，每款都可以加上一種蔬菜為配料，如蘿蔔絲、玉米粒、生菜等。除此以外，這裡還出售多款蛋糕和甜點，品種眾多，是除了葡撻以外的另一個好選擇。

| DATA |
總店
🏠 路環市中心撻沙街 1 號地下
🚌 15、21A、25、26、26A、50 公車（路環市區站下車，步行約 3 分鐘）
🕐 07:00 ～ 19:00

澳門大學圖書館分店
🏠 氹仔徐日昇寅公馬路，旅遊學院氹仔校區（地庫 2 層）
🚌 11 公車（旅遊學院氹仔校區站下車，步行約 2 分鐘）

威尼斯人分店
🏠 澳門威尼斯人大運河購物中心 3 樓 2119 號 A 鋪
🚌 15、21A、25、25X、26、26A、N3 公車（N3 為深夜行駛巴士，連貫公路／巴黎人站下車，步行約 20 分鐘）

Best 1

葡式蛋撻

約 $ **9**
 ★★★★★
CP ★★★☆☆

安德魯的葡撻，雞蛋嫩滑容易入口，酥皮散發著牛油香味，加上一層可口的焦糖，吃進口裡有種融化的感覺，久久留下香味。

Best 2

腸仔雞蛋沙津三文治

約 $ **17**
 ★★★★☆
CP ★★★☆☆

腸仔配上雞蛋，麵包可選白包或麥包，亦能配上自選蔬菜，感覺清新，美味又有益健康。三文治分量很足，一份已能作為午餐或晚餐，是很多大學生吃飯的首選。

芒果雞義大利包

吃多了中東包，可以改為試試義大利包，包裡混入了紅椒等蔬菜，又有風味又健康。芒果的甜味配合雞肉的鮮味，再加上玉米粒（這個可以自由選擇，有些人會加蘿蔔絲或生菜的），味道一流。

Best 3

約 $ **15**
 ★★★★☆
CP ★★★☆☆

蘋果批

安德魯的甜點也做得很出色，其中個人十分推薦蘋果派。蘋果味道很好，派皮也不會太甜，所以能吃到蘋果原汁原味的鮮美味道，實在是水準之作。

Best 4

約 $ **17**
 ★★★★☆
CP ★★★☆☆

葡撻的成名之路

葡撻是葡式蛋撻（蛋塔）的簡稱，是葡國的名產。要數最知名的葡撻店，就非里斯本航海紀念碑對面，聖哲羅姆派修道院旁的百年老店 Casa Pastéis de Belém 莫屬了。不過，若你想吃到好吃的葡撻，也不用去遙遠的葡國，因為澳門曾經作為葡國殖民地，飲食文化也深受葡國影響，所以，澳門的葡撻也不會令你失望的！現在讓我們一起來看看葡撻在澳門的成名之路吧！

不說不知，葡撻其實是由里斯本的熱羅尼莫斯修道院（Mosteiro dos Jerónimos）的修女發明的，和一般的蛋撻最大不同在於那層黑黑的焦糖，而且餅皮酥脆，牛油香濃，十分好吃，所以這美食很快便廣為流傳，成為葡國的代表美食。

1989 年，英國人安德魯（Andrew Stow），也即是安德魯餅店的創始人，把葡撻引進澳門，餡料改用英式的奶黃餡，甜度也因應澳門人的口味而調低了。美味的葡撻很快便在澳門聲名大噪，並成為最具特色的小食之一，安德魯餅店的分店亦陸續增加。後來，安德魯與太太瑪嘉烈離婚，瑪嘉烈自立門戶並創立「瑪嘉烈葡撻」，之後更與肯德基合作，葡撻因此打進了香港市場。

以味道而論，安德魯和瑪嘉烈的葡撻都是同樣好吃的，而且價錢也所差不遠。不過以服務態度而言，安德魯無論是禮貌還是親切都遠遠優勝，所以個人還是較推薦大家光顧這間澳門葡撻的鼻祖店。

雅憩花園餐廳
彷彿在歐洲露天茶座用餐

在一個充滿歐陸風情的優美廣場上，在典雅的噴水池和小教堂旁，悠閒寫意地享受一道道西式美食，別以為你身在歐洲的露天茶座，這個地方是在澳門的路環喔！它就是在聖方濟各教堂對面的雅憩花園餐廳。

這餐廳真的就如其名一樣，可以讓你坐在花園中，幽雅閒憩地享受各種葡式美食——葡式燒乳豬、桑拿醉蝦、燒馬介休、焗咖哩蝦飯、紅豆豬手、西洋炒飯、葡式燒牛肋骨等。

當然，在這樣優美的環境用餐並不可能太便宜，但給大家一個小提醒，這裡的各種飯類相對來說價錢較為相宜，約 $50 多元，而且味道都是十分讚的！大家可以按自己的預算點菜，豐儉由人。

| DATA |
🏠 路環市區計單奴街 8 號
🚌 15、21A、25、26、26A、50 公車（路環市區站下車，步行約 5 分鐘）
🕐 12:00 ～ 01:00

Best 1　約 $ **61**
味 ★★★★★
CP ★★★★☆

焗咖哩蝦飯

這是非常特別而有風味的一道美食！咖哩雞飯平日常能吃到，咖哩蝦飯還是首次。咖哩香味十分濃郁！還沒起筷，已被傳出的香味深深吸引了。材料有蝦肉、洋葱、青椒和紅椒，辣度不會很烈，很容易入口，吃完後口裡仍會殘留著咖哩香味，味道特別又令人難忘！

Best 2　約 $ **100**
味 ★★★★★
CP ★★★☆☆

紅豆豬手

這是在網上廣獲好評的一道菜，價錢雖不算便宜，但其美味程度絕對是物有所值！材料有豬腳、紅豆、椰菜，豬腳燜得非常入味，而且肉質細嫩柔軟，味道鮮美。千萬別小看那看似是配角的椰菜，那惹味的醬汁滲入菜葉裡後，香味真的難以用筆墨形容！雖然分量不少，但記得把全碟都吃下喔！

個人旅行書系

有行動力的旅行・從太雅出版社開始

太雅，個人旅行，台灣第一套成功的旅遊叢書，媲美歐美日，有使用期限，全面換新封面的Guide-Book。依照分區導覽，深入介紹各城市旅遊版圖、風土民情，盡情享受脫隊的深度旅遊。

「你可以不需要閱讀遊記來興起旅遊的心情，但不能沒有旅遊指南就出門旅行……」台灣的旅行者的閱讀需求，早已從充滿感染力的遊記，轉化為充滿行動力的指南。太雅的旅遊書不但幫助讀者享受自己規畫行程的樂趣，同時也能創造出獨一無二的旅遊回憶。

110
阿姆斯特丹
作者／蘇瑞銘
(Ricky)

109
雪梨
作者／Mei

108
洛杉磯
作者／艾米莉
(Emily)

107
捷克・布拉格
作者／張雯惠

106
香港
作者／林婍

105
京都・大阪・神戶・奈良
作者／三小a

104
首爾・濟州
作者／車建恩

103
美國東岸重要城市
作者／柯筱蓉

100
吉隆坡
作者／瑪杜莎

099
莫斯科・金環・聖彼得堡
作者／王姿懿

098
舊金山
作者／陳婉娜

096
西班牙：巴塞隆納・馬德里・賽維亞
作者／邱宗翎

095
羅馬・佛羅倫斯
・威尼斯・米蘭
作者／潘錫鳳、
陳喬文、黃雅詩

094
成都・重慶
作者／陳玉治

093
西雅圖
作者／施佳瑩、
廖彥博

092
波士頓
作者／謝伯讓、
高薏涵

091
巴黎
作者／姚筱涵

090
瑞士
作者／蘇瑞銘

088
紐約
作者／許志忠

075
英國
作者／吳靜雯

074
芝加哥
作者／林云也

047
西安
作者／陳玉治

042
大連・哈爾濱
作者／陳玉治

038
蘇州・杭州
作者／陳玉治

301
Amazing China：
蘇杭
作者／吳靜雯

澳門食尚旅行地圖 最新版

世界主題之旅 90

作　　　者	梁詠怡
攝　　　影	梁匡民

總 編 輯	張芳玲
發 想 企 劃	taiya旅遊研究室
編輯室主任	張焙宜
企 劃 編 輯	徐湘琪
主 責 編 輯	邱律婷
修 訂 編 輯	鄧鈺澐
封 面 設 計	許志忠
美 術 設 計	吳美芬

太雅出版社
TEL：(02)2882-0755　FAX：(02)2882-1500
E-mail：taiya@morningstar.com.tw
郵政信箱：台北市郵政53-1291號信箱
太雅網址：http://www.taiya.morningstar.com.tw
購書網址：http://www.morningstar.com.tw
讀者專線：(04)2359-5819 分機230

發 行 所	太雅出版有限公司
	台北市11167劍潭路13號2樓
	行政院新聞局局版台業字第五○○四號
法律顧問	陳思成律師
印　　刷	上好印刷股份有限公司　TEL：(04)2315-0280
裝　　訂	東宏製本有限公司　TEL：(04)2452-2977

二版二刷　西元2017年04月10日
定　　價　300元
(本書如有破損或缺頁，退換書請寄至：台中市工業30路1號　太雅出版倉儲部收)
ISBN 978-986-336-140-4
Published by TAIYA Publishing Co.,Ltd. Printed in Taiwan

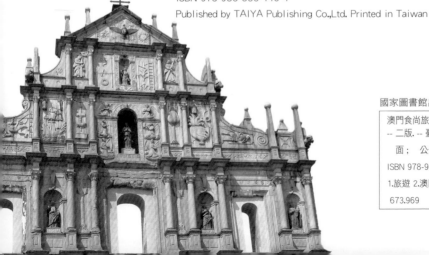

國家圖書館出版品預行編目(CIP)資料

澳門食尚旅行地圖 / 梁詠怡文字；梁匡民攝影.
-- 二版. -- 臺北市：太雅, 2016.11
　　面；　公分. -- (世界主題之旅；90)
　ISBN 978-986-336-140-4(平裝)

1.旅遊 2.澳門特別行政區

673.969　　　　　　　　　　　　　105016517

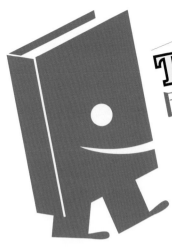

Thank You
因為有你，太雅滿20歲了！

抽獎 1

《太雅20週年慶抽獎》

即日起～2017年12月31日為止(郵戳為憑)

2017年5月10日，我們將推出20週年慶的官網，公布所有抽獎獎品。
獎品郵寄區域限定台灣本島。填寫住址時，請留意此規定。

《太雅好書抽獎》　即日起～2018年6月30日

每單數月，抽出10名幸運讀者，得獎名單在該月10號公布於太雅部落格和太雅愛看書粉絲團。
本活動需寄回回函參加抽獎(影印與傳真無效)。

以下3組贈書隨機挑選1組：

抽獎 2

放眼設計系列2本 (隨機)

歐洲手工藝教學系列2本 (隨機)

黑色喜劇小說2本

《抽獎讀者的個人資料》

這次購買的書名是：**澳門食尚旅行地圖** 最新版 (世界主題之旅 90)

* 01 姓名：_____　性別：□男 □女　生日：民國_____ 年

* 02 手機(或市話)：_____

* 03 E-Mail：_____

* 04 地址：□□□□□ _____

* 05 你是否已經帶著本書去旅行了？請分享你的使用心得。

_____

_____

_____

(請沿此虛線壓摺)

| 廣　告　回　信 |
| 台灣北區郵政管理局登記證 |
| 北 台 字 第 1 2 8 9 6 號 |
| 免　貼　郵　票 |

太雅出版社　編輯部收

台北郵政53-1291號信箱
電話：(02)2882-0755
傳真：**(02)2882-1500**

(若用傳真回覆，請先放大影印再傳真，但傳真無法參加抽獎)

(請沿此虛線壓摺)

太雅

有 行 動 力 的 旅 行 ， 從 太 雅 出 版 社 開 始

太雅出版部落格
taiya.morningstar.com.tw

太雅愛看書粉絲團
www.facebook.com/taiyafans

旅遊書王(太雅旅遊全書目)
goo.gl/m4B3Sy

(請沿此虛線裁東)